30 x 45 MINUTEN

Julia Dankbar

Biologie

Fertige Stundenbilder für Highlights zwischendurch

Klasse 5–10

Verlag an der Ruhr

Impressum

Titel
30 x 45 Minuten Biologie
Fertige Stundenbilder für Highlights zwischendurch. Klasse 5–10

Autorin
Julia Dankbar

Titelbildmotiv und Kapiteldeckblätter
© AP-solution – photocase.de

Illustrationen
Astrid Wilkesmann

Lektorat
Nanette Hänsel

Druck
AZ Druck und Datentechnik GmbH, Kempten, DE

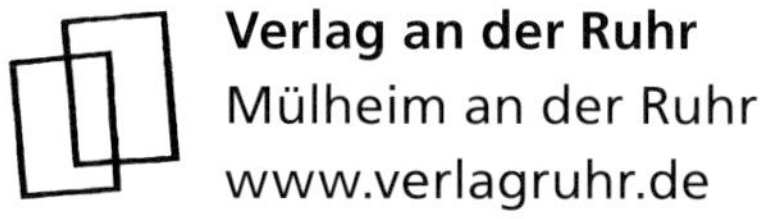

Geeignet für die Klassen 5–10

ISBN 978-3-8346-2927-2

Inhalt

Vorwort 4

Ökologie

1 | Welche Informationen liefern Jahresringe eines Baumes? 6
2 | Funktionen und Leistungen des Waldes 10
3 | Ursachen und Begrenzungen von Waldschäden 20
4 | Trophiestufen und Energiefluss im Ökosystem 23
5 | Rückkopplungen bei Räuber-Beute-Beziehungen 26
6 | Was genau ist ein ökologisches Gleichgewicht? 30
7 | Tulpe in der Tinte – Wasserhaushalt von Pflanzen 34
8 | Die Zonierung des Sees 37

Evolution

9 | Bohnen: Variationen innerhalb einer Population 40
10 | Tiere nach ihrer Verwandtschaft ordnen 42
11 | Mäuse mit unterschiedlicher Fellfarbe 44
12 | Wissen über naturwissenschaftliche Evidenzen 47
13 | Angepasstheiten von Tieren an ihren Lebensraum 49

Humanbiologie

14 | Gasaustausch in den Lungenbläschen 54
15 | Wie wird ein Brötchen verdaut? 59
16 | Nachweis und Bedeutung von Vitamin C 64
17 | Zusammenwirken im menschlichen Körper 69
18 | Wirkung von Nikotin auf die Herzschlagfrequenz 71
19 | Sinnesorgan Ohr 75
20 | Genetisch bedingt? Alkoholismus und Aggressivität 78
21 | Wer ist der Vater? – Blutgruppenvererbung 82
22 | Mendel'sche Regeln und Genetik-Begriffe 88
23 | Schwanger mit 15! 91
24 | Sexuelle Orientierung 95

Bau und Funktion von Tieren

25 | Bau und Funktion des Hundegebisses 100
26 | Ein Hund als Geschenk? 105
27 | Bau und Funktion eines Hühnereies 107
28 | „Glückliche Hühner?" 109
29 | Flip – eine Heuschrecke? 115
30 | Wie funktioniert die Schwimmblase eines Fisches? 118

Vorwort

Liebe Kollegen*,

gerade bei der Fülle an Vorgaben und Richtlinien hinsichtlich der Stoffverteilung bleiben „besondere" Stunden im Fach Biologie leider schnell außen vor. Das kann auch daran liegen, dass mit „Highlight-Stunden" gerade in den Naturwissenschaften ein hoher zeitlicher Aufwand und materielle Vorbereitung verbunden werden. Sicherlich trifft dieses in einigen Fällen zu, muss aber nicht generell so sein. Die vorliegende **Sammlung mit 30 ausgearbeiteten Stundenbildern** soll Sie unterstützen, „Highlight-Stunden" für die Klassen 5–10 leicht und mit wenig Vorbereitung in Ihren Unterricht zu integrieren sowie gleichermaßen Lehrpläne zu erfüllen und Kompetenzen Ihrer Schüler zu fördern.

Das Buch ist **thematisch** nach den übergeordneten Bereichen „Ökologie", „Evolution", „Humanbiologie" und „Bau und Funktion von Tieren" gegliedert. Die Auswahl der Themen und Materialien sowie der entsprechenden Methoden und Arbeitsmittel orientiert sich an dem Prinzip der **Schülerorientierung** sowie an **kooperativen und binnendifferenzierenden Arbeitsformen**, wie z. B. dem Lerntempoduett.

Großer Wert wurde bei der Ausarbeitung der Stunden auf das Einüben und Vertiefen **naturwissenschaftlicher Arbeitsweisen** gelegt. Diese werden sowohl explizit – durch die Bestimmung naturwissenschaftlicher Evidenzen oder das Modellieren – als auch implizit – anhand klarer Strukturierungen der Stunden nach dem Dreischritt „Vermuten – Beobachten – Erklären" – berücksichtigt.

Für jede Stunde sind nach einer knappen Einführung die **Kompetenzen**, die hauptsächlich gefördert werden, benannt. Benötigte **Materialien**, eventuelle **Vorbereitungen** und **Lernvoraussetzungen** der Schüler sind übersichtlich und präzise aufgelistet. Folien und Arbeitsmaterialien sind meist als **Kopiervorlage** mitgeliefert, sodass eine rasche Umsetzung gewährleistet ist. Dieses gilt auch für eventuelle Tafelbilder oder Ergebnisse, die zur Fortsetzung von Bearbeitungen notwendig sind. **Lösungen** zu den Aufgaben finden Sie im Download unter diesem Link: www.verlagruhr.de/62927

Durch die klar aufgeschlüsselte **Phasierung** und ausformulierte **Lehrerimpulse** soll Ihnen die Durchführung der Stunden erleichtert werden; diese verstehen sich jedoch als Angebote. Ebenso verhält es sich mit den zahlreichen **Tipps, Variationen und Anschlussmöglichkeiten**. Diese ermöglichen einerseits einen variablen Einsatz im unterrichtlichen Geschehen und andererseits oft Anregungen für **binnendifferenzierendes Arbeiten** innerhalb der Lerngruppe. Damit sind Anpassungsmöglichkeiten auf die individuellen Lern- und Leistungsfähigkeiten Ihrer Schüler gewährleistet.

Dieses Buch soll Sie in der Vorbereitung und Durchführung von „Highlight-Stunden" unterstützen und Ihren Unterricht bereichern. Dabei wünsche ich Ihnen gutes Gelingen und viel Freude!

Julia Dankbar

* Aus Gründen der besseren Lesbarkeit haben wir in diesem Buch durchgehend die männliche Form verwendet. Natürlich sind damit auch immer Frauen und Mädchen gemeint, also Lehrerinnen, Schülerinnen etc.

Ökologie

Welche Informationen liefern Jahresringe eines Baumes?

Darum geht's

Anhand des Vorwissens, dass man an Jahresringen das Alter eines Baumes ablesen kann, erarbeiten die Schüler die biologische Erklärungsweise, die in den Jahresringen „steckt". Die Schüler vermessen eine Baumscheibe und erstellen ein Diagramm. Anschließend erarbeiten die Schüler die Zusammenhänge zwischen Standorten, Wachstumsformen und Klimadaten – Letzteres anhand einer Diagrammauswertung.
Methodisch stehen die fachgerechte Kommunikation von Ergebnissen in Kleingruppen sowie die Arbeit mit Diagrammen im Vordergrund.

Klassenstufe

7–9

Kompetenzerwartungen

Die Schüler

- üben genaues Messen als naturwissenschaftliche Grundfertigkeit.
- vertiefen ihre Fähigkeiten, Diagramme zu lesen und anhand von Daten selbstständig zu erstellen.
- grenzen Alltagserfahrungen und -begriffe von der Fachsprache ab.
- stellen Zusammenhänge zwischen den Standortfaktoren und dem Baumwachstum her.

Material

- ggf. 1 Baumscheibe (erhältlich in Sägewerken oder bei einem Tischler)
- Arbeitsblatt „Warum unterscheiden sich die Jahresringe eines Baumes?" (S. 8)
- Arbeitsblatt „Welche Informationen liefern die Jahresringe eines Baumes?" (S. 9)
- je Schüler: 1 Lineal/Geodreieck, kariertes Papier
- evtl. Overheadprojektor

Vorbereitung

Kopieren Sie die beiden Arbeitsblätter (S. 8 und S. 9) im Klassensatz.

Stundenverlauf

Einstieg

ca. 5 Minuten

Sammeln Sie mit Ihren Schülern in einer Mindmap Vorkenntnisse zu Bäumen. Die Mindmap bietet sich auch zur Anknüpfung an weitere Themen an, z. B. zu Stofftransporten, Fotosynthese und sekundärem Dickenwachstum. Lenken Sie die Fragenentwicklung auf die Bedeutung der Jahresringe des Baumes, idealerweise durch eine mitgebrachte Baumscheibe. Formulieren Sie die/eine Stundenfrage, z. B. „Welche Informationen liefern die Jahresringe eines Baumes?"

Erarbeitung

ca. 25 Minuten

Die Schüler erarbeiten und konkretisieren zunächst anhand des Arbeitsblattes ihre Kenntnisse zu der Bedeutung der Jahresringe eines Baumes. Die Messergebnisse werden in ein Diagramm übertragen. Durch Aufgabe 4 (S. 8) wird bereits eine Überleitung zum zweiten Arbeitsblatt eingeleitet, indem Vermutungen über die Einflussfaktoren auf das Wachstum formuliert werden.
Im Sinne der Binnendifferenzierung bietet es sich an, dass die Schüler in einem Lerntempoduett arbeiten und bereits mit dem nächsten Arbeitsblatt beginnen, sobald sie mit dem ersten fertig sind. Hier vergleichen die Schüler in 2er-Teams ihre Ergebnisse und analysieren gemeinsam ein weiteres Diagramm zu den Jahresringen eines Baumes und setzen es mit den dazugehörigen Klimadaten in Verbindung.

Präsentation und Sicherung

ca. 15 Minuten

Je ein Schülerteam präsentiert die Ergebnisse zu den Aufgaben im Plenum, die ggf. an der Tafel notiert werden. Weitere Teams können die Erläuterungen, wenn nötig, ergänzen oder konkretisieren. Abschließend formuliert zunächst jeder Schüler in Einzelarbeit einen zusammenfassenden Antwortsatz zur Stundenfrage („Welche Informationen liefern Jahresringe eines Baumes?"). Dadurch ist eine individuelle Auseinandersetzung gewährleistet und die Ergebnisse werden gebündelt. Zum Schluss kontrollieren die Sitznachbarn gegenseitig die formulierten Antwortsätze und nennen Verbesserungsvorschläge. Einige Antwortsätze werden im Plenum mündlich genannt.

Tipps/Variationen/Anschlussmöglichkeiten

- Je nach Vorkenntnissen und Kompetenzen der Lerngruppe, sollte man mit den Schülern wiederholen, was bei der Erstellung und Auswertung von Diagrammen zu berücksichtigen ist.
- Schnelle Schüler oder die 2er-Teams können ihre Diagramme zur Aufgabe 3 (S. 8) auf eine Folie zeichnen, sodass eine gemeinsame Besprechungsgrundlage für die Präsentation vorliegt. Alternativ bieten sich Dokumentenkameras hierfür an.

Warum unterscheiden sich die Jahresringe eines Baumes?

Sicherlich kennst du das Vorgehen, wie man das Alter eines Baumes bestimmt: Man zählt die Jahresringe. Und wenn du einmal genau hinschaust, gibt es Unterschiede in den Breiten der Jahresringe.

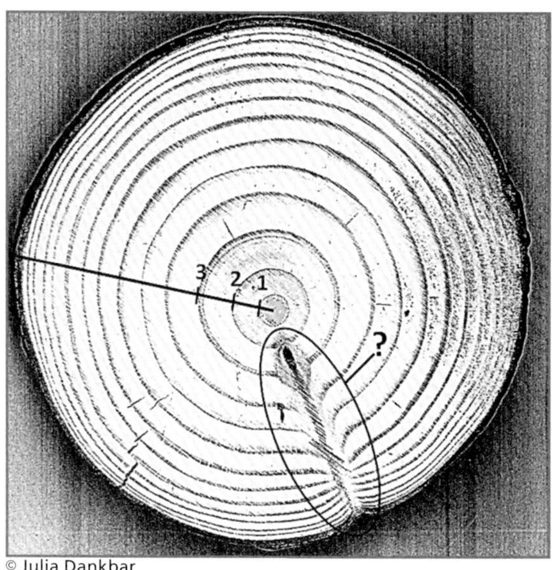

© Julia Dankbar

Was steckt alles in den Jahresringen eines Baumes?

Aufgaben

1. **Bestimme das Alter des Baumes in der Abbildung. Orientiere dich dabei an den Spätholzgrenzen. Dies sind die dunkleren Jahresringe.**
2. **Vermute, um welche Struktur es sich bei dem markierten Bereich (Fragezeichen) handelt. Notiere die Vermutung in dein Heft.**
3. **Miss genau die Breiten der einzelnen Jahresringe entlang der gezogenen Linie mit einem Lineal und erstelle ein Säulendiagramm (x-Achse: Jahreszahl; y-Achse: Jahresringbreite). Der Baum wurde im Winter 2000 gefällt. Miss zuerst die einzelnen Jahresringbreiten und überlege dann, wie dein Diagramm aussehen muss.**

   Zur übersichtlicheren Darstellung: 1 cm auf der y-Achse entspricht dem gleichen gemessenen Betrag in mm.
4. **a) Beschreibe, wie der Baum in den Jahren gewachsen ist (gutes Wachstum oder schlechtes Wachstum).**

   b) Nenne mögliche Gründe für diesen Wachstumsverlauf.

Welche Informationen liefern die Jahresringe eines Baumes?

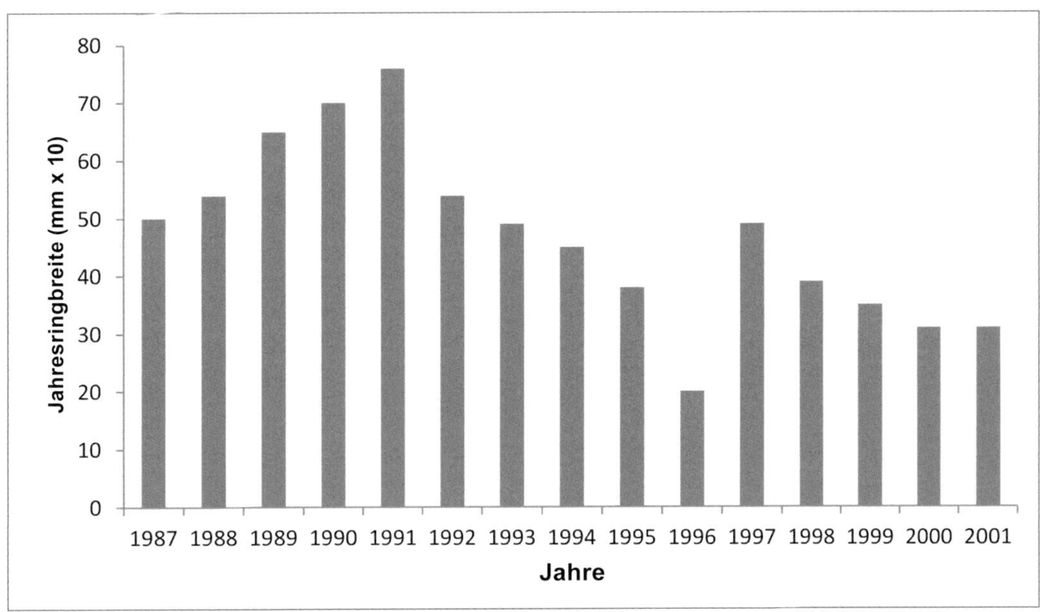

Breite der Jahresringe eines 2001 gefällten Baumes

Tabelle 1 Klimadaten (Quelle: www.dwd.de, Region Osnabrück)

Niederschlag (mm)	April	Mai	Juni	Juli	August	September
Mittelwert Jahre 1950–2005	48,7	61,9	101,6	78,4	71,8	69,5
Abweichung vom Mittelwert im Jahr 1996	6,1	70,3	25,3	84,5	131,7	55,5

Temperatur (°C)	April	Mai	Juni	Juli	August	September
Mittelwert Jahre 1950–2005	8,5	12,9	15,7	17,4	17,3	14,1
Abweichung vom Mittelwert im Jahr 1996	9,2	11,0	15,3	17,7	17,7	11,7

Aufgaben

1. **Tausche dich mit deinem Partner über die Ergebnisse des ersten Arbeitsblattes aus und korrigiere eventuelle Fehler. Bearbeitet danach die folgenden Aufgaben gemeinsam.**
2. **Wenn ihr einen einzelnen Jahresring der Stammscheibe auf dem ersten Arbeitsblatt nachverfolgt, erkennt ihr, dass das Mark nicht genau in der Mitte des Stammes liegt. Nach unten hin sind die gleichen Jahresringe breiter (mehr dunkles Spätholz), nach oben hin schmaler. Das könnt ihr mithilfe eures Geodreiecks nachmessen. Vermutet schriftlich, welche Ursachen dies haben könnte.**
3. **Bei der Vermessung der Jahresringe eines weiteren Baumes, der im Winter 2001 gefällt wurde, ergibt sich das obige Säulendiagramm.**
   a) **Beschreibe das Säulendiagramm in Stichworten. In welchem Jahr wächst der Baum besonders schlecht?**
   b) **Erkläre das schlechte Wachstum mithilfe der Klimadaten in der Tabelle.**

Funktionen und Leistungen des Waldes

Darum geht's

Wie bedeutsam die Wälder und wie vielschichtig ihre Funktionen sind, lässt sich anhand dieser Stunde erarbeiten.

Klassenstufe

7–8

Kompetenzerwartungen

Die Schüler können...

- anhand von Material in Kleingruppen Informationen fach- und adressatengerecht aufbereiten.
- mithilfe eines Laufzettels Informationen von Plakaten entnehmen.
- die Bedeutung des Waldes erläutern.

Material

- Folienvorlage „Neue Bürgerinitiative" (S. 12)
- Arbeitsblätter „Gruppe 1: Der Wald – erholsam und nützlich", „Gruppe 2: Der Wald als Lebensraum für Tier und Pflanze", „Gruppe 3: Die Leistungen eines einzelnen Baumes", „Gruppe 4: Der Wasserhaushalt des Waldes" (S. 13–16)
- Materialblätter „Gruppe 4: Der Wasserhaushalt des Waldes" (S. 17/18)
- pro Gruppe: 1 DIN-A3-Blatt, weiß
- Klebeband zum Befestigen der Plakate
- Laufzettel (Arbeitsblatt „Die Aufgaben des Waldes – Übersicht", S. 19) in Klassenstärke
- Hilfekarten für Gruppe 3 (S. 11)
- Overheadprojektor

Vorbereitung

Kopieren Sie für jede Gruppe eines der Arbeitsblätter (S. 13–16) einmal sowie die Materialblätter für Gruppe 4 einmal. Das Arbeitsblatt „Die Aufgaben des Waldes – Übersicht" (S. 19) sollte in Klassenstärke kopiert werden. Ziehen Sie zudem die Folienvorlage (S. 12) auf eine Folie. Kopieren Sie die Hilfekärtchen (S. 11) je 3-mal und schneiden Sie sie aus.

Vorkenntnisse

Die Schüler sollten grundlegend mit dem Wirkungsgefüge im Ökosystem Wald vertraut sein.

Stundenverlauf

Einstieg

ca. 7 Minuten

Präsentieren Sie den Zeitungsartikel (Folienvorlage, S. 12), den ein Schüler vorliest. Die Schüler benennen die Problematik und formulieren die Stundenfrage „Welche Aufgaben hat der Wald?". Notieren Sie die Frage an der Tafel und fordern Sie die Schüler auf, Vermutungen zu den Aufgaben des Waldes zu formulieren. Auch diese werden an der Tafel ergänzt (z. B. Wald als Sauerstofflieferant, Erosionsschutz, Lebens- und Erholungsraum, Wasserhaushalt). Leiten Sie über zur Erarbeitung und benennen Sie die Aufgaben, die im Folgenden näher betrachtet werden können. Verweisen Sie hier bereits auf das Arbeitsblatt „Die Aufgaben des Waldes – Übersicht" (S. 19), sodass die Präsentationen ohne Erläuterungen verstanden werden können.

Erarbeitung

ca. 20 Minuten

Teilen Sie die Lerngruppe in vier Gruppen mit maximal vier Schülern ein. Bei größeren Gruppen kann jedes Thema 2-fach vergeben werden. Ordnen Sie durch die Verteilung der Materialien den Gruppen ein Thema zu. Die Schüler erarbeiten arbeitsteilig die verschiedenen Funktionen des Waldes und erstellen ein Plakat zur Präsentation. Für die Gruppe 3 stehen Hilfekarten zur Verfügung.

Präsentation und Sicherung

ca. 15 Minuten

Die Schüler hängen ihre Plakate an verschiedenen Stellen im Raum auf, sodass genügend Platz bleibt für den Museumsgang. Die Schüler vervollständigen mithilfe der Präsentationen das Arbeitsblatt „Die Aufgaben des Waldes – Übersicht" (S. 19). Abschließend fassen die Schüler wichtige Aufgaben des Waldes zusammen und überprüfen ihre Vermutungen zu den Aufgaben des Waldes begründet.

Vertiefung oder Hausaufgabe

ca. 2 Minuten

Stellen Sie einen Rückbezug zur Einstiegsfolie (S. 12) her und fordern Sie die Schüler auf, Möglichkeiten zu formulieren, wie mithilfe des erarbeiteten Wissens die Bürgerinitiative zur Erhaltung des Waldes unterstützt werden kann.

Mögliche Hausaufgabe: Die Bürgerinitiative möchte einen Brief an den Bürgermeister schreiben, um für die Walderhaltung zu kämpfen. Es fällt ihnen aber schwer, eine ausreichende Anzahl überzeugender Gründe zu finden. Unterstütze sie, indem du einen Brief schreibst, der aufzeigt, wie vielfältig die Aufgaben des Waldes sind.

Hilfekarten für Gruppe 3

Hilfekärtchen 1: Zuckerherstellung

Hier sind einige Beispiele aufgeführt, aus denen ihr am besten eines als Vergleichswert auswählt.

- Ein normales Haushaltspaket Zucker, das man im Supermarkt kaufen kann, beinhaltet 1 Kilogramm Zucker.
- Eine Tafel Schokolade wiegt 100 Gramm.
- Eine Haushaltspackung Butter hat einen Inhalt von 250 Gramm.

Hilfekärtchen 2: Verdunstung von Wasser

Hier sind einige Beispiele aufgeführt, aus denen ihr am besten eines als Vergleichswert auswählt.

- Getränkeflaschen enthalten in der Regel 1 Liter (z. B. Wasser, Cola …).
- Ein Gelber Sack zur Müllentsorgung fasst 90 Liter.
- In einen „normalen" Eimer passen 10 Liter.

Hilfekärtchen 3: CO_2 -Entzug/O_2-Freisetzung

Hier sind einige Beispiele aufgeführt, aus denen ihr am besten eines als Vergleichswert auswählt.

- Umrechnung: 1 m^3 = 1000 l
- Eine „normale" Badewanne fasst, wenn sie voll ist, 250 Liter Wasser.
- Ein Güllewagen fasst 10000 Liter.

Neue Bürgerinitiative

Pro Wald: Neue Bürgerinitiative will Wald schützen

LEGDEN. Mindestens 3,7 Hektar Wald sollen Platz machen für neue Gewerbeflächen. Gegen diesen Mehrheitsbeschluss des Gemeinderates, für den die Bezirksregierung Münster grünes Licht gegeben hat, regt sich Widerstand: 14 Anwohner haben die Bürgerinitiative „Pro Wald“ gegründet.

Die Ausgangslage: Legden verfügt derzeit über keine freie Gewerbefläche mehr.

Wann der geplante Industriepark an der A31 bezugsfertig sein wird, steht noch in den Sternen. Selbst wenn der Industriepark fertiggestellt wäre, sei dort kein Platz für Kleingewerbe, sondern nur für größere Betriebe, hatte der Bürgermeister in der letzten Ratssitzung bekräftigt. Als Ausweg aus der Misere sieht die Bezirksregierung vor, 3,7 Hektar des Waldes zu roden, damit sich dort Industriegewerbe ansiedeln kann.

Die Fläche ist bereits seit Jahren durch die Industriestraße zugänglich. Dieses Angebot haben zwei Parteien – und damit die Mehrheit im Rat – begrüßt, verbunden mit dem Wunsch nach zusätzlichen 10 Hektar Gewerbefläche. Eine Partei hingegen wehrt sich vehement: Der Wald sei ökologisch wertvoll, so ein Sprecher der Partei.

Eine aufgrund dieser Auseinandersetzungen gegründete Bürgerinitiative kämpft für die Erhaltung des Waldes. Ihr Name ist dabei Programm: „Pro Wald“. Sie sind überzeugt, dass sie ausreichend Argumente finden, um das Waldgebiet erhalten zu können.

© Stefan Arendt – Fotolia.com

(Quelle: www.muensterlandzeitung.de/staedte/legden/Neue-Buergerinitiative-will-Wald-schuetzen;art973,1298745)

Gruppe 1: Der Wald – erholsam und nützlich

Viele Menschen suchen den Wald in der Freizeit auf. Für sie ist er Erholungsraum. Dies wird vor allem durch die Reduzierung der vielfältigen Sinneseindrücke, denen wir in den Städten ausgesetzt sind, bedingt. Waldparkplätze erleichtern dem Stadtmenschen das Aufsuchen der Wälder und oft laden Waldlehrpfade zum Erwerb neuen Wissens ein. Trimmpfade bieten abwechslungsreiche Möglichkeiten zur sportlichen Betätigung. Mancherorts sind Spielplätze, Liegewiesen und Feuerstellen eingerichtet. Bänke laden an verschiedenen Stellen zur Rast ein. Die Wege sind häufig markiert und meist gut hergerichtet. Bei alldem wirkt die frische Waldluft durch ihren besonderen Duft belebend. Vor allem Kinder genießen den Freiraum und die unendlichen Spielmöglichkeiten, die selbst das kleinste Stück Wald für sie bereithält. Im Wald ist es deutlich ruhiger als auf einem freien Feld oder in den Städten. Durch eine dichte Beblätterung wird der Lärm gemindert. Allerdings geht die Lärmdämmung mit dem Laubfall deutlich zurück. Ein Lärmschutz durch die Wälder entsteht nur in der jeweiligen Wuchshöhe und ist bei jungen, dichten Wäldern besonders hoch. In einem alten Wald ist der Lärmschutz nicht mehr so hoch, da es nur wenige Sträucher gibt, die die Geräusche eindämmen können, sodass man hier Geräusche viel weiter hören kann.

© Stefan Schurr – Fotolia.com

© Кирилл Рыжов – Fotolia.com

© Picture-Factory – Fotolia.com

◎ Aufgaben

1. **Lies den Text aufmerksam durch und schaue dir die Bilder an. (Einzelarbeit)**
2. **Erstellt eine Übersicht in Form einer Mindmap über den Wald. Inwiefern ist er für den Menschen erholsam und nützlich? Nutzt hierfür die oben genannten Informationen. Fallen euch noch mehr Aufgaben ein, die der Wald für den Menschen übernimmt? Ergänzt diese in der Mindmap. (Gruppenarbeit)**
3. **Präsentiert eure Informationen so, dass die anderen Gruppen sofort erkennen, worum es geht, und keine weitere mündliche Erklärung notwendig ist.**

Gruppe 2: Der Wald als Lebensraum für Tier und Pflanze

In einem Buchenwald leben mehr als 7000 Tierarten, von denen circa 5000 zu den Insekten und nur rund 100 zu den Wirbeltieren zählen. An diesen Zahlen wird bereits deutlich, wie vielen Tieren der Wald einen Lebensraum bietet und wie vielfältig die Lebensgemeinschaft ist. In Tabelle 1 ist beispielhaft aufgeführt, wie hoch die Anzahl der genannten Tiere auf zehn Zweigen ist. In Tabelle 2 sind die Individuenzahlen der Destruenten pro 1 m² dargestellt.

Neben Tieren ist eine große Vielfalt an Pflanzen in einem Wald zu finden, z. B. Laub- und Nadelbäume in verschiedenen Größen, Sträucher und Bodengewächse. An feuchten Stellen wächst beispielsweise der Aronstab und an schattigen Plätzen wird der Boden von Moosen bedeckt.
Die große Anzahl verschiedener Pflanzen ermöglicht es vielen Tieren, im Wald zu leben. Auf Bäumen, in Sträuchern und am Boden finden sie Nahrung und Schutz.

Tabelle 1: Anzahl der Individuen auf 10 Zweigen (1 m Länge, 1 kg Gewicht)

Tiergruppe	**Fichte**	**Kiefer**
Spinnen	324	340
Blattläuse	77	387
Käfer	13	35

(Quelle: Bernd Oehmig: Wald. In: Unterricht Biologie 334 [1998]. Friedrich Verlag, S. 2–11)

Tabelle 2: Anzahl der Individuen pro m²

Organismengruppe	**Anzahl (pro 1 m² Boden)**
Pilze	1 000 000 000
Springschwänze	100 000
Regenwürmer	200
Asseln	50

(Quelle: Natura 2. Biologie für Gymnasien. Nordrhein-Westfalen G8. 7.–9. Klasse. Ernst Klett Verlag, 2010. S. 52)

Aufgaben

1. **Lies den Text und die Tabellen aufmerksam. (Einzelarbeit)**
2. **Erstellt je eine aussagekräftige grafische Übersicht, wie viele der genannten Tiere**
   a) auf einem Zweig und
   b) in 1 m² Boden zu finden sind.
   Nutzt dazu auch die Möglichkeit einer Legende oder von erläuternden Beschriftungen. (Gruppenarbeit)
3. **Präsentiert eure Informationen so, dass die anderen Gruppen sofort erkennen, worum es geht, und keine weitere mündliche Erklärung notwendig ist.**

  ISBN 978-3-8346-2927-2 | www.verlagruhr.de

Gruppe 3: Die Leistungen eines einzelnen Baumes

Wie wertvoll der Wald für uns Menschen sein kann, ist vielen kaum bekannt. Am besten lässt sich dies daran zeigen, was ein einziger Baum leisten kann. Die Tabelle gibt einen Überblick über die Leistungen einer einzelnen Rotbuche (100 Jahre, 20 m hoch, 10 m Kronendurchmesser) an einem einzigen Sommertag.

Tabelle: Leistungen einer 100 Jahre alten Rotbuche an einem Sommertag

Art der Leistung	**Größenordnung**
CO_2-Menge, die der Luft entzogen wird	rund 10 m^3
Zuckerherstellung pro Tag	über 10 kg
O_2-Freisetzung	rund 10 m^3
Verdunstung von Wasser	mehrere 100 l

(Quelle: Natura 2. Biologie für Gymnasien. Nordrhein-Westfalen G8. 7.–9. Klasse. Ernst Klett Verlag, 2010. S. 66)

© Wolfilser – Fotolia.com

Aufgaben

1. **Lies den Text und die Tabelle aufmerksam. (Einzelarbeit)**
2. **Setzt die Informationen der Tabelle in ein Informationsplakat um, das die einzelnen Leistungen durch möglichst anschauliche Vergleiche, z. B. aus dem Alltag, verdeutlicht. (Gruppenarbeit) Hilfe: Falls euch zu einigen Größenordnungen keine Vergleiche einfallen, könnt ihr ein Hilfekärtchen erhalten.**
3. **Präsentiert eure Informationen so, dass die anderen Gruppen sofort erkennen, worum es geht, und keine weitere mündliche Erklärung notwendig ist.**

Gruppe 4: Der Wasserhaushalt des Waldes (1/3)

© Stéphane Bidouze – Fotolia.com

Wie wichtig der Wald für den natürlichen Wasserhaushalt ist, erkennt man oft erst, wenn der Wald z. B. durch Abholzung zerstört ist. Starke Regenfälle können an diesen Stellen verheerende Wirkungen haben, wenn es beispielsweise zu Erdrutschen kommt.

In einem Waldgebiet wird ein Teil des Regenwassers in den Baumkronen zurückgehalten. Der größte Teil tropft nach und nach auf den Boden. Moos- und Humusschicht können eine große Wassermenge aufnehmen und speichern. Ein Teil des Wassers sickert ins Grundwasser. Über ihre Wurzeln nehmen die Pflanzen Wasser aus dem Boden auf. Zum größten Teil wird dieses Wasser wieder über die Blätter verdunstet und gelangt zurück in die Atmosphäre. Der Wasserdampf in der Atmosphäre kann kondensieren, sodass sich Wolken bilden. Als Regen gelangt der Wasserdampf der Atmosphäre schließlich wieder zum Erdboden.

Innerhalb eines Waldes ist die Luftfeuchtigkeit stets höher als in anderen Gebieten. Dies ist darauf zurückzuführen, dass die Pflanzen langsam, aber ständig Wasser durch Verdunstung in die Atmosphäre abgeben.

◎ Aufgaben

1. **Lies den Text aufmerksam durch. (Einzelarbeit)**
2. **Ergänzt mithilfe der Informationen im Text die Schemazeichnungen auf den beiden Materialblättern. Fügt, wenn nötig, noch weitere Beschriftungen oder Skizzen hinzu. Berücksichtigt ergänzend auch die Luftfeuchtigkeit. (Gruppenarbeit)**
3. **Präsentiert eure Informationen so, dass die anderen Gruppen sofort erkennen, worum es geht, und keine weitere mündliche Erklärung notwendig ist.**

Gruppe 4: Der Wasserhaushalt des Waldes (2/3)

Gruppe 4: Der Wasserhaushalt des Waldes (3/3)

Die Aufgaben des Waldes – Übersicht

Aufgaben

Ergänze mithilfe der erarbeiteten Informationen der Gruppen die folgenden Abschnitte.

Gruppe 1: Der Wald – erholsam und nützlich

1. **Für den Menschen ist der Wald heutzutage eher erholsam und nützlich. Nenne die Möglichkeiten, die der Wald diesbezüglich bietet. Unterscheide dabei zwischen Erholung und Nutzen.**

Der Wald als Erholungsgebiet	Die Nützlichkeit des Waldes

Gruppe 2: Der Wald als Lebensraum für Tier und Pflanze

2. **Ergänze den folgenden Lückentext.**

   Der Wald bietet für viele Tiere und Pflanzen einen Lebensraum. Wie viele Tiere sich auf einem sehr kleinen Teilgebiet des Waldes aufhalten, ist sehr beeindruckend. Wenn man beispielsweise einen .... zweig betrachtet, der einen Meter lang und .... Kilogramm schwer ist, findet man hier eine Vielzahl von verschiedenen Tiergruppen: im Durchschnitt etwa .... Käfer, ... Spinnen und .... Blattläuse. Noch deutlicher wird es, wenn man sich die Zahl der Bodenbewohner anschaut. In nur .... Boden leben circa 200 ...., 100 000 Springschwänze, ... Asseln und bis zu .... Pilze. Es wird deutlich, wie viele Organismen z. B. an der Laubzersetzung beteiligt sind.

Gruppe 3: Die Leistungen eines einzelnen Baumes

3. **Was ein Wald mit Hunderten Bäumen tatsächlich vollbringt, kann am besten an den beeindruckenden Leistungen eines einzelnen Baumes dargestellt werden. Ergänze den Lückentext.**

   Eine Rotbuche, die 100 Jahre alt ist, erbringt an einem .... z. B. folgende Leistungen: Sie setzt 10 m^3 Sauerstoff pro Tag frei, das entspricht .... Genauso viel wie in .... enthalten ist, verdunstet an einem Tag, nämlich .... Wenn man .... mit CO_2 füllen würde, hätte man genau die gleiche Menge, die eine Rotbuche an Kohlenstoffdioxid an einem Tag der Luft entzieht. Es sind ....

   Ein Paket Zucker wiegt 1 Kilogramm. Nimmt man .... Packungen davon, erhält man die Menge, die ein Baum an einem Sommertag herstellt.

Gruppe 4: Der Wasserhaushalt des Waldes

4. **Nicht nur durch die Masse und feste Verwurzelung von Bäumen mit dem Boden werden Überschwemmungen und Erosionen verhindert. Am Beispiel eines Baumes kann man bereits sehen, wie solche Ereignisse ebenfalls verhindert werden. Ergänze auf der Rückseite dieses Arbeitsblattes die beiden Ausgangssituationen („Es regnet", „Die Sonne scheint") mit den daraufhin folgenden Abläufen im Baum. Nutze dazu Folgerungspfeile (→).**

Ursachen und Begrenzungen von Waldschäden

Darum geht's

Einen genauen Blick auf den Zustand unserer Wälder zu legen, ist besonders vor dem Hintergrund der Bedeutung von Wäldern als Lebens- und Erholungsort sowie als Sauerstofflieferant wichtig. Bei dieser textbasierten Erarbeitung setzen sich die Schüler mit konkreten Waldschädigungen auseinander.

Klassenstufe

7–8

Kompetenzerwartungen

Die Schüler können …

- Gründe für die Schädigung von Wäldern erläutern.
- die Bedeutsamkeit von Wäldern und deren Schutz reflektieren und beurteilen.

Material

- Materialblatt „Deutsche Wälder sind gefährdet!" (S. 22)
- Folienabschnitte und Folienstifte
- Bildvorlagen zu geschädigten und intakten Wäldern oder Bäumen
- evtl. Overheadprojektor

Vorbereitung

Recherchieren Sie Bildvorlagen zu geschädigten und intakten Wäldern oder Bäumen, die Sie dann ausgedruckt unter den Schülern verteilen oder digital präsentieren können. Kopieren Sie das Materialblatt (S. 22) im Klassensatz und ggf. die Aufgaben auf Seite 21 zusätzlich auf Folie.

Vorkenntnisse

Die Schüler sollten grundlegende Kenntnisse über die Aufgaben des Waldes haben, um so besser die Bedeutung und Tragweite von Waldschäden beurteilen zu können.

Stundenverlauf

Einstieg

ca. 7 Minuten

Präsentieren Sie verschiedene Bilder, die sowohl intakte als auch geschädigte Wälder und Bäume zeigen. Ergänzen Sie diese Einstiegsphase um den Waldzustandsbericht des jeweiligen Bundeslandes, der im Internet beim Bundesministerium für Ernährung und Landwirtschaft einzusehen ist (siehe www.bmel.de). Die Lernenden beschreiben die Bilder und benennen Auffälligkeiten bzw. Unterschiede zwischen diesen Bildern. Formulieren Sie gemeinsam mit den Schülern die Stundenfrage: „Welche Ursachen haben Waldschäden?" und notieren Sie diese an der Tafel.

Erarbeitung

ca. 20 Minuten

Die Schüler erhalten das Materialblatt (S. 22) und bearbeiten die angegebenen Aufgaben in der vorgegebenen Sozialform. Sie sollen nun Ursachen von Waldschäden herausstellen, die mithilfe von Beispielen ergänzt werden sollen.
Verteilen Sie unter schnelleren Arbeitsgruppen Folienabschnitte, auf denen die Ergebnisse festgehalten werden.

Präsentation und Sicherung

ca. 10 Minuten

Die Teams, die ihre Ergebnisse auf Folienabschnitte übertragen haben, präsentieren und erläutern Gründe für die Schädigung von Wäldern. Weitere Schüler vervollständigen die Ergebnisse mithilfe ihrer Notizen. Formulieren Sie ggf. eine zusammenfassende Antwort.

Vertiefung/Ausblick

ca. 5 Minuten

Fordern Sie die Schüler auf, Fragen, die sich an diese Ergebnisse anschließen, zu nennen. Mit Fragen wie „Welche Maßnahmen zum Schutz des Waldes gibt es?" kann eine Überleitung in eine Recherchephase, ggf. auch eine Hausaufgabe oder eine kurze Projektarbeit zu ortsnahen Maßnahmen eingeleitet werden.

Aufgaben für die Schüler

(Tafelanschrieb oder Folie)

1. **Lies den Informationstext aufmerksam und unterstreiche wichtige Aussagen und Begriffe. (Einzelarbeit)**
2. **Erstelle in deinem Heft eine Tabelle nach folgendem Muster und ergänze die Spalten mithilfe der Informationen im Text. (Partnerarbeit)**
3. **Begründe, weshalb die Lebensfähigkeit eines Baumes von ausreichend gesunden Blättern abhängt. (Partnerarbeit)**

Schäden werden verursacht durch	Schadeinwirkung	Beispiele
	Witterungseinflüsse	Trockenheit, Sturm

Deutsche Wälder sind gefährdet!

Waldschäden hat es immer gegeben. Seit den 1970er- und 1980er-Jahren häuften sich aber die Warnmeldungen zur Baumgesundheit in Deutschland dramatisch. Der Zustand der Wälder hat sich seit Mitte der 1980er-Jahre, mit Schwankungen, insgesamt verbessert. Allerdings weisen immer noch knapp $^2/_3$ der Bäume Krankheitsanzeichen auf. In einigen Bereichen ist der Wald schon ganz abgestorben. Kranke Bäume erkennt man an der Vergilbung und an dem zu frühen Abwurf von Blättern und Nadeln, der Auslichtung der Kronen, der Schädigung des Stammes und des Wurzelwerkes.

Zunächst machte man für die Schäden ausschließlich die zunehmende Luftverschmutzung verantwortlich. Nach mehrjähriger Ursachenforschung nimmt man heute an, dass die Waldschäden Folgen des Zusammenwirkens mehrerer Faktoren sind. Die Ursachen sind hauptsächlich Witterungseinflüsse, Schädlinge, forstwirtschaftlich bedingte Ursachen und Schadstoffe aus der Umwelt.

Alle Waldtypen, ob natürlich gewachsene Mischwälder oder künstlich angelegte Nadelholzmonokulturen, sind klimatisch bedingten Schadeinwirkungen ausgesetzt. Vor allem wetterbedingte Extremsituationen, wie lange Trockenperioden, Kälteeinwirkungen, besonders Spätfröste, oder Stürme, können Wäldern großen Schaden zufügen.

Daneben können die Ursachen auch in der belebten Natur liegen. Dazu zählen vor allem Schadinsekten, wenn sie in Massen auftreten. Ein solcher Schädling ist z. B. der Borkenkäfer, der in trockenen Jahren in Fichtenmonokulturen verheerende Schäden anrichten kann. Auch Pilze, Bakterien und Viren können Bäume schwer schädigen beziehungsweise ihre Widerstandskraft so schwächen, dass sie dann leichter von Schädlingen befallen oder durch den Wind umgeweht werden können.

Auch die Forstwirtschaft trägt zu den Waldschäden bei, indem zunehmend Waldanbau auf mineralarmen Böden betrieben wird, weil die besseren Böden von der Landwirtschaft genutzt werden. Dabei werden vermehrt Nadelholzmonokulturen angelegt, bei denen die Bäume schnell wachsen und nur geringer Pflege bedürfen. Wird auf die natürlichen Standortansprüche der Waldbäume bei der Anpflanzung keine Rücksicht genommen, führt dies zum Verlust der Widerstandskraft.

Schadstoffe aus der Umwelt, die auf den Wald besonders nachhaltig einwirken, sind hauptsächlich Schwefeldioxid, Stickstoffoxide und Ozon. Sie können direkt Nadeln und Blätter schädigen oder indirekt wirken, indem sie den Boden belasten.

Schwefeldioxid tritt aus, wo Holz, Kohle oder Heizöl verbrannt werden, vor allem aber in Abgasen von Großkraftwerken. Es gelangt durch die Spaltöffnungen in die Blätter und stört die Regulation der Wasserverdunstung.

Stickoxide stammen zum größten Teil aus Autoabgasen und führen ebenfalls durch den Eintritt in die Blätter zu einer Störung der Regulation. Weit größer ist ihr Schaden aber im Zusammenwirken mit Luftsauerstoff und Sonneneinstrahlung. Dann bildet sich das giftige Ozon, das die Wachsschicht der Blätter schädigt, sodass Parasiten leichter in die Blätter eindringen können. Laubbäume weisen davon deutlich geringere Schäden auf, da sie jährlich ihre Blätter abwerfen und im darauffolgenden Jahr neue Blätter bilden.

Indirekte Schadeinwirkungen üben besonders Schwefeloxide und Stickoxide durch ihr Mitwirken bei der Bodenversauerung aus. Wegen einer unvollständigen Humusbildung kann der Boden durch Regen schneller ausgewaschen werden und verarmt immer mehr an Mineralsalzen. Zudem beanspruchen Nadelhölzer den Boden sehr einseitig, indem nur bestimmte Mineralsalze genutzt werden.

Trophiestufen und Energiefluss im Ökosystem

Darum geht's

In dieser Stunde erarbeiten die Schüler individuelle Nahrungsketten mithilfe von Abbildungen, die sie fragengeleitet erläutern. Durch die selbstständige Entwicklung und Überarbeitung einer Visualisierung von Trophiestufen und Energiefluss erarbeiten sie die Grundlage für weitere zwischenartliche Beziehungen in einem Ökosystem. Für mehr Informationen vgl.: www.newbyte.co.uk → FoodWebs – British Woodland

Klassenstufe

7–10

Kompetenzerwartungen

Die Schüler können …

- Zusammenhänge zwischen Lebewesen innerhalb einer Lebensgemeinschaft erläutern.
- fragengeleitet eigene, kurze Nahrungsketten visualisieren und mithilfe von Aufgaben erläutern.

Material

- Arbeitsblatt „Nahrungsbeziehungen im Ökosystem" (S. 24/25)
- Bildkarten
- Klebeband, farbige Stifte, Klebstoff, DIN-A3-Papierbögen in Klassenstärke
- ausgeschnittene Bilder verschiedener Tiere und Pflanzen des jeweiligen Ökosystems (kann als Hausaufgabe vorbereitet werden)

Vorbereitung

Halten Sie die von Ihnen recherchierten Bildkarten und Klebeband bereit. Kopieren Sie das Arbeitsblatt (S. 24/25) doppelseitig in Klassenstärke.

Vorkenntnisse

Die Schüler sollten grundlegende Kenntnisse des behandelten Ökosystems haben.

Stundenverlauf

Einstieg

ca. 5 Minuten

Befestigen Sie drei bis vier Bildkarten (z. B. von Buche(nblättern), Maikäfer, Igel und Fuchs) von Gliedern einer Nahrungskette ungeordnet an der Tafel.
Die Schüler stellen einen begründeten Zusammenhang zwischen ihnen her. Informieren Sie kurz über die folgende Arbeitsphase und das Ziel, diese Anordnung genauer erläutern zu können.

Erarbeitung

ca. 30 Minuten

Die Schüler erarbeiten anhand ihrer mitgebrachten Materialien und mithilfe des Arbeitsblattes (S. 24/25) fragengeleitet und Schritt für Schritt eine Nahrungskette sowie den zu berücksichtigenden Energiefluss. Sie visualisieren zudem ihre Ergebnisse.

Präsentation und Sicherung

ca. 7 Minuten

Lenken Sie die Aufmerksamkeit wieder auf die in der Einstiegsphase erstellte Anordnung bestimmter Tiere und Pflanzen. Die Schüler erläutern die Anordnung nun mithilfe ihres neu erworbenen Wissens, ergänzen das Tafelbild oder korrigieren ggf. Anordnungen und Notizen.

Reflexion

ca. 3 Minuten

Die Schüler überprüfen gemeinsam mit ihrem Partner ihre Ergebnisse und notieren Fehler oder Änderungsvorschläge. Anschließend kleben sie ihre Ergebnisse auf das DIN-A3-Blatt. Nun haben sie eine Grundlage für die Hausaufgabe, sie sollen ihre Nahrungskette ergänzen und vertiefen.
In der nächsten Unterrichtsstunde könnte damit dann z. B. zu Nahrungsnetzen weitergearbeitet werden.

Nahrungsbeziehungen im Ökosystem (1/2)

Für die Aufgaben benötigst du folgende Materialien: 1 DIN-A3-Papier, farbige Stifte, Bilder von einer Pflanze und von zwei bis drei Tieren, die in dem Ökosystem vorkommen, Klebstoff. Mithilfe der Informationen und Aufgaben erläuterst du die vermuteten Zusammenhänge, die bereits an der Tafel deutlich wurden, genauer. Achte darauf, Schritt für Schritt vorzugehen, und beachte, dass deine entstehende Abbildung übersichtlich bleibt.

Aufgaben

1. a) **Bringe deine Pflanzen- und Tierbilder in eine sinnvolle Reihenfolge. Lege sie auf das DIN-A3-Blatt, klebe sie aber noch nicht fest.**

   b) **Begründe deine Anordnung.**

   ....

   ....

   ....

   ....

   ....

   ....

   ....

   ....

   ....

   ....

2. **Vermute, welches Lebewesen unbedingt notwendig für die Beziehung zwischen den Lebewesen ist. Begründe deine Antwort.**

   ....

   ....

   ....

   ....

   ....

3. a) **Lies den Informationstext aufmerksam durch.**
   Um eine Nahrungsbeziehung zwischen Lebewesen deutlich zu machen, zeichnet man einen Pfeil zwischen den beiden Organismen ein. Die Pfeilspitze zeigt immer auf das Lebewesen, das das vorherige Lebewesen frisst. Das gefressene Lebewesen bezeichnet man als Beute, das andere als Räuber. Damit hat man eine Nahrungskette bildlich dargestellt.

   b) **Ergänze deine abgebildete Nahrungsbeziehung mithilfe der hier genannten Verbindungen, indem du die Pfeile einzeichnest und sie beschriftest.**

Beute —— wird gefressen von ——→ Räuber

4. **Informiere dich in dem folgenden Text über die Fachbegriffe und beschrifte mit diesen deine abgebildete Nahrungsbeziehung auf dem DIN-A3-Blatt.**

   Pflanzen sind autotroph, das heißt, sie können aus einfachen anorganischen Stoffen, wie Kohlenstoffdioxid und Mineralstoffen, ihre eigene Biomasse aufbauen. Dies geschieht während der Fotosynthese. Die Energie für diesen Aufbauprozess gewinnen sie aus dem Sonnenlicht. Deswegen bezeichnet man Pflanzen auch als **Produzenten**. Alle weiteren Glieder der Nahrungsbeziehung werden Konsumenten genannt, weil sie ihre Biomasse nur aus organischen Stoffen herstellen können – sie sind heterotroph. Solche Lebewesen sind auf den Konsum anderer Lebewesen angewiesen. Die **Konsumenten**, die Pflanzen fressen, bezeichnet man als **Herbivoren** (Pflanzenfresser). Weil sie quasi als Erste etwas aufnehmen, werden sie **Konsumenten 1. Ordnung** genannt. Lebewesen, die Pflanzenfresser fressen, sind **Konsumenten 2. Ordnung**. Die Konsumenten 2. Ordnung können wiederum von **Konsumenten 3. Ordnung** gefressen werden usw. Ab den Konsumenten 2. Ordnung spricht man von **Karnivoren** (Fleischfressern).

  ISBN 978-3-8346-2927-2 | www.verlagruhr.de

Nahrungsbeziehungen im Ökosystem (2/2)

5. In der von den Pflanzen aufgebauten Biomasse steckt Energie in Form von Traubenzucker. Die Energie wird nun von einem Glied der Nahrungskette an das nächste Glied der Nahrungskette weitergegeben, also in Richtung der Pfeile, die du bereits eingezeichnet hast. Bei diesem Energiefluss geht viel Energie „verloren". Bei diesem Energiefluss steht nicht mehr alle Energie zur Weitergabe in der Kette zur Verfügung, weil sie als Wärme abgegeben oder für die Bewegung verwendet wird.

   a) **Ergänze den Energiefluss mit einem Pfeil in einer anderen Farbe in deiner abgebildeten Nahrungsbeziehung.**

   b) **Beschreibe, welches Lebewesen in deiner Abbildung die größte Biomasse und welches die kleinste Biomasse hat.**

   ....

   ....

   ....

   ....

   ....

   c) **Begründe, welches Lebewesen in deiner Abbildung am meisten Biomasse für seinen Energiebedarf benötigt.**

   ....

   ....

   ....

   ....

   ....

   d) **Beschreibe, welche Auswirkungen es auf die Nahrungsbeziehungen hat, wenn ein Tier in deiner Abbildung sehr viel Energie benötigt.**

   ....

   ....

   ....

   ....

   ....

6. **Überlege, wie du die Informationen und Ergebnisse aus Aufgabe 5 in deiner Übersicht darstellen kannst. Ergänze sie anschließend auf dem DIN-A3-Papier.**

7. **Begründe, warum eine Nahrungskette meist nur aus drei bis vier Gliedern besteht.**

   ....

   ....

   ....

   ....

   ....

   ....

   ....

8. **Nenne weitere Beispiele für Produzenten sowie Konsumenten 1., 2. und 3. Ordnung, die auch in deine Abbildung passen könnten. Notiere diese in einer anderen Farbe über dem DIN-A3-Blatt.**

Rückkopplungen bei Räuber-Beute-Beziehungen

Darum geht's

Mit dieser Stunde werden die Schüler in die Beziehungen zwischen den Organismen innerhalb eines Ökosystems am Beispiel von Räuber und Beute eingeführt. Des Weiteren wird die Erläuterung von Rückkopplungsmechanismen angestrebt.

Klassenstufe

7–8

Kompetenzerwartungen

Die Schüler können ...

- Räuber-Beute-Beziehungen fach- und sachgerecht erläutern.
- Rückkopplungsmechanismen darstellen und den Einfluss bzw. die Zusammenhänge verschiedener Glieder eines Nahrungsnetzes beschreiben.

Material

- Folienvorlage „Wühlmäuse profitieren vom milden Winter" (S. 28)
- Folienvorlage „Storch frisst Waldkauz?" (S. 28)
- Arbeitsblatt „Waldkauz frisst Wühlmaus?" (S. 29)
- Blankofolien
- Overheadprojektor

Vorbereitung

Kopieren Sie die Folienvorlage (S. 28) auf Folie, kopieren Sie auch das Arbeitsblatt (S. 29) einmal auf Folie und ergänzen Sie die Beschriftung (siehe Lehrerinformation S. 27).

Vorkenntnisse

Die Schüler sollten mit Nahrungsbeziehungen in einem Ökosystem vertraut sein.

Stundenverlauf

Einstieg

ca. 7 Minuten

Präsentieren Sie den Zeitungsartikel „Wühlmäuse profitieren vom milden Winter" auf einer Folie (S. 28). Ein Schüler liest den Artikel vor, weitere Schüler geben den Inhalt in eigenen Worten wieder. Entwickeln Sie gemeinsam mit Ihren Schülern die Problemfrage, z. B. „Warum und wie kann die große Anzahl der Wühlmäuse wieder geringer werden?". Notieren Sie die Fragen ebenso wie die von den Schülern aufgestellten Hypothesen an der Tafel. Fordern Sie die Schüler auf, Lösungsansätze zu formulieren. Leiten Sie über mit der Information, dass in der Biologie die Zahl der Lebewesen in einem begrenzten Zeitraum bestimmt wurde und sich das Ergebnis der Folie „Waldkauz frisst Wühlmaus?" (S. 29) zeigt. Präsentieren Sie die obere Abbildung, die Liniendiagramme, der Folienvorlage.

Erarbeitung

ca. 15 Minuten

Verteilen Sie das Arbeitsblatt (S. 29), auf dem die Schüler die Grafik von der Folie wiederfinden. Die Schüler bearbeiten anhand der Diagramme und des Kreisschemas den grundlegenden Mechanismus der Räuber-Beute-Beziehung.

Präsentation und Sicherung

ca. 10 Minuten

Sichern Sie die Ergebnisse, indem die Schüler die Zusammenhänge anhand der Folien des Arbeitsblattes (S. 29) erläutern. Führen Sie in diesem Zusammenhang die Begriffe „Räuber" und „Beute" sowie die Symbole „+" und „-" zur Beschriftung des Pfeildiagramms ein. Notieren Sie mit den Schülern für jedes Symbol einen erläuternden Satz an der Tafel:
+: je mehr ... desto mehr
-: je mehr ... desto weniger
Die Schüler formulieren eine Antwort auf die Problemfrage der Einstiegsphase.

Vertiefung

ca. 10 Minuten

Die Schüler übertragen ihre Ergebnisse auf eine um den Storch erweiterte Räuber-Beute-Beziehung (Folienvorlage „Storch frisst Waldkauz?", S. 28), indem sie das Diagramm in ihr Heft übertragen und ergänzen (s. u.). Sie stellen so noch einmal den Unterschied zwischen der Verwendung der Pfeile in einem Nahrungsnetz und den beschrifteten Pfeilen bei einer Räuber-Beute-Beziehung dar.

Tipps/Variationen/Anschlussmöglichkeiten

- Weitere Räuber-Beute-Schemata lassen sich beliebig (auch als Hausaufgabe) einüben.
- Außerdem bietet es sich an, dass Schüler selbst solch ein Schema erstellen.

Aufgaben für die Schüler

1. **Nicht nur Waldkäuze, auch Störche ernähren sich von Wühlmäusen. Trage die Zeichen „+" und „-" in die Kreise ein, um die Beziehungen der Tiere zueinander darzustellen. Tipp: Beginne mit den Innenkreisen.**
2. **Formuliere zu jedem Zeichen jeweils zwei „je-desto"-Sätze und notiere diese.**
3. **„Weil es viele Störche gibt, gibt es bald keine Waldkäuze mehr." Kann man dieser Behauptung zustimmen? Begründe deine Antwort mithilfe des Schemas aus Aufgabe 1 und der Grafik.**

Lehrerinformation

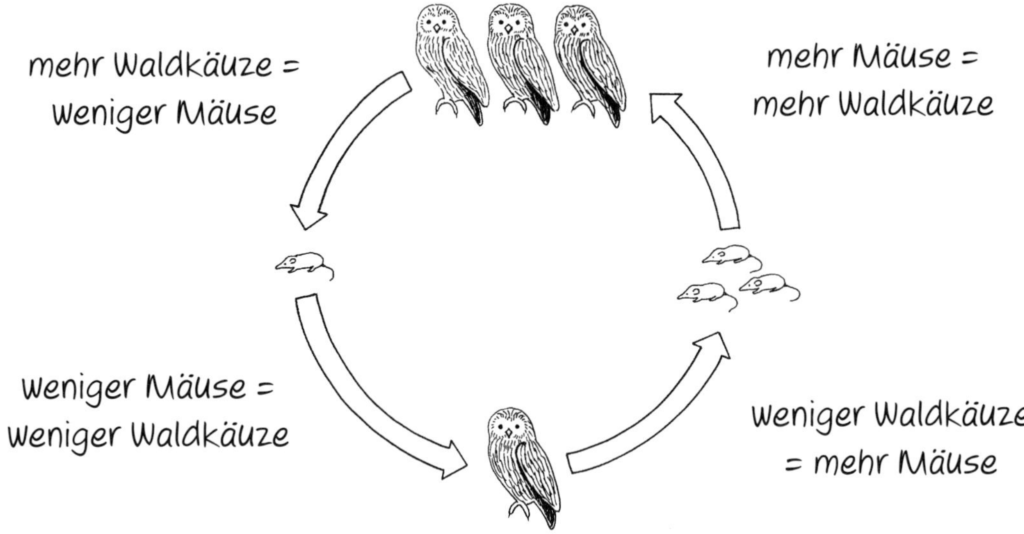

Abb.: © Astrid Wilkesmann

Wühlmäuse profitieren vom milden Winter

Wühlmäuse profitieren vom milden Winter

© mite – Fotolia.com

MÜNSTERLAND. Überall sind sie zu sehen: aufgewühlte Erdhaufen und freigelegte, angefressene Wurzeln von Jungbäumen. Nach diesem milden Winter können die Bewohner von Waldrändern diese Beobachtung um ein Vielfaches häufiger machen als in den Jahren zuvor. Verantwortlich dafür ist die Wühlmaus, die aufgrund der Wetterlage sehr gute Bedingungen vorfindet, sodass sich die Zahl der Tiere deutlich erhöhte. Einige Anwohner haben die Befürchtung geäußert, dass auch ihre Gärten von den Tieren aufgesucht werden könnten: „Natürlich ist es nicht schön, wenn überall auf dem Forstweg aufgewühlte Erde liegt, aber das ist noch nicht so schlimm. Ich habe mehr Angst, dass sie auch meine im letzten Jahr gesetzten Blumenzwiebeln anknabbern“, zeigt sich Frau Müller besorgt. Doch der Waldökologe Herr Schuster kann sie beruhigen: „Das wird sich mit der Zeit wieder legen, denn …“

Storch frisst Waldkauz?

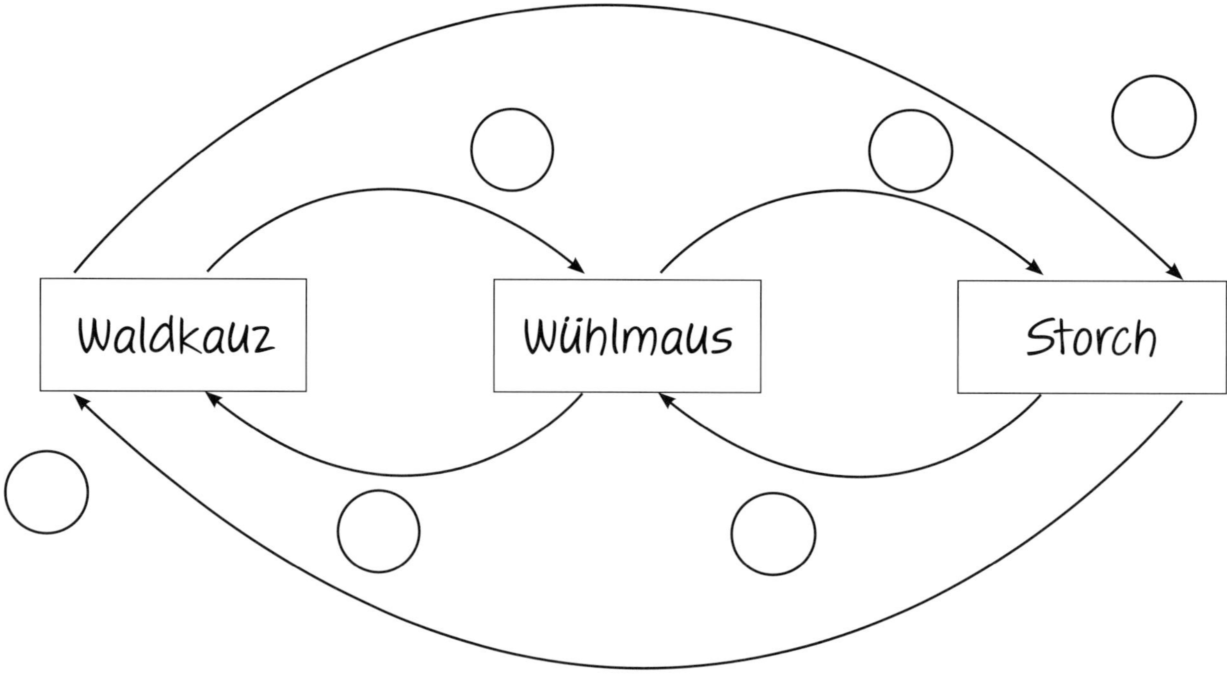

Waldkauz frisst Wühlmaus?

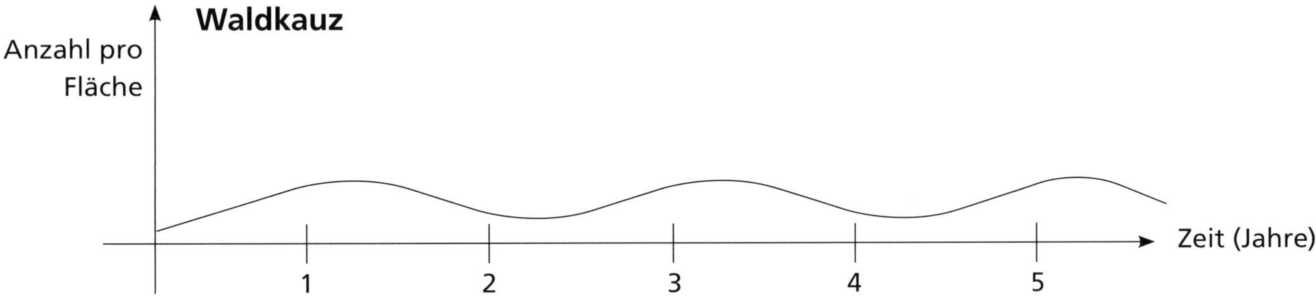

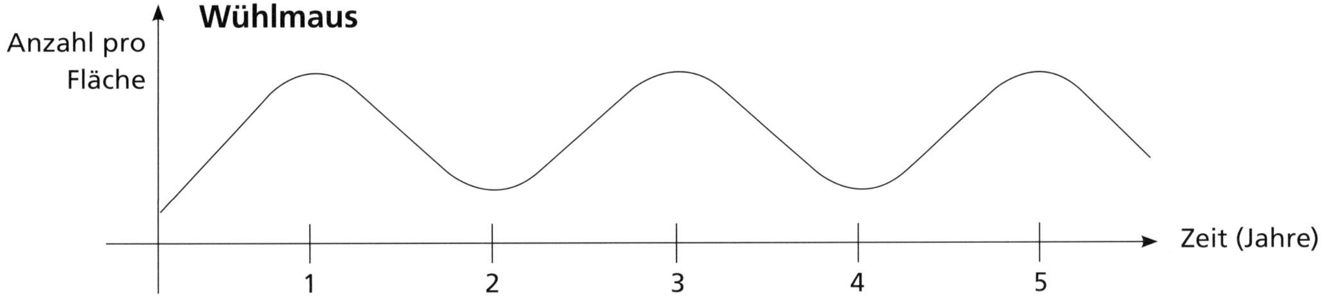

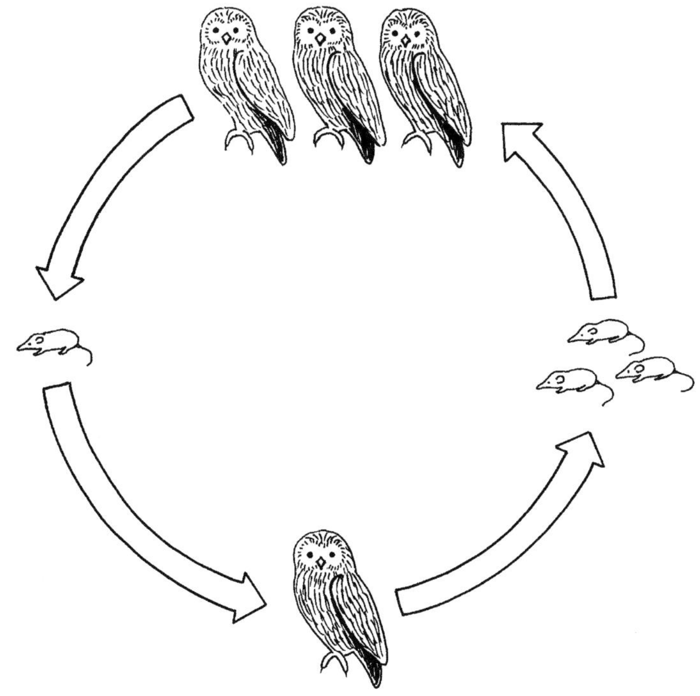

Aufgaben

1. **Beschreibe die beiden Liniendiagramme oben in Stichworten in deinem Heft. Berücksichtige dabei besonders den Zusammenhang der beiden Kurven.**

2. a) **Übertrage deine Ergebnisse aus den Beschreibungen der Diagramme auf das Kreisschema unten.**
   b) **Erläutere die Aussagen, die durch die Pfeile hier dargestellt sind.**

Was genau ist ein ökologisches Gleichgewicht?

Darum geht's

Dass es das „ökologische Gleichgewicht" im engeren Sinne als etwas Statisches nicht gibt, bleibt im Biologieunterricht häufig unberücksichtigt. Die Perspektive, dass natürliche Populationsschwankungen, die sich wechselseitig bedingen, sich zwar im Laufe der Zeit ausgleichen, nie aber in einem statischen, gleichmäßigen Verhältnis sind, bildet die Voraussetzung für diese Stunde. Des Weiteren wird der Frage nachgegangen, inwiefern der Mensch tatsächlich ein „Störenfried" für ein ökologisches Gleichgewicht ist.

Klassenstufe

7–10

Kompetenzerwartungen

Die Schüler können ...

- beschreiben, dass ein ökologisches Gleichgewicht eine Dynamik innerhalb eines Ökosystems darstellt.
- die Einflussnahme des Menschen auf die periodischen Schwankungen in Räuber-Beute-Beziehungen beschreiben.
- Veränderungen in heimischen Ökosystemen anhand des Beispiels der Rückkehr von frei lebenden Wölfen beschreiben.

Material

- Arbeitsblatt „Ökosysteme werden durch den Menschen erhalten" (S. 32)
- Arbeitsblatt „Eingriffe des Menschen in Ökosysteme – noch notwendig?" (S. 33)
- ggf. Karteikarten in unterschiedlichen Farben (vgl. Tipps)

Vorbereitung

Kopieren Sie die beiden Arbeitsblätter (S. 32/33) in je halber Klassenstärke.

Vorkenntnisse

Den Schülern sollten Rückkopplungsmechanismen sowie Räuber-Beute-Schemata ebenso wie Grundzüge von Nahrungsbeziehungen bekannt sein.

Stundenverlauf

Einstieg

ca. 5 Minuten

Präsentieren Sie als Tafelskizze ein Räuber-Beute-Schema zwischen Reh und Blättern junger Eichen (s. Tafelbild, S. 31). Die Schüler erläutern die Zusammenhänge und ergänzen die Zeichnung mithilfe von „+"- und „-"-Zeichen. Fordern Sie die Schüler auf, die Auswirkungen dieser Beziehung zu erläutern, und lenken Sie auf limitierende Faktoren für das Reh. Die Schüler werden hierbei die Jagd, aber auch Schutzmechanismen, wie das Einzäunen von Jungpflanzen, nennen. Problematisieren Sie die Rolle des Menschen im Ökosystem.

Erarbeitung

ca. 30 Minuten

Teilen Sie die Klasse in zwei Gruppen ein. Je eine Gruppe bearbeitet ein Thema, d. h. nur ein Arbeitsblatt (S. 32 oder S. 33). Nach der Einzelarbeit haben die Gruppenmitglieder untereinander eine kurze Austauschphase zur Rückversicherung des Verständnisses.
Bilden Sie zwei Stuhlkreise, bei dem der Innenkreis dem Außenkreis gegenübersitzt (Kugellagermethode). Die Schüler, die das Arbeitsblatt „Ökosysteme werden durch den Menschen erhalten" (S. 32) bearbeitet haben, sitzen im Innenkreis, die andere Gruppe ihnen 1:1 gegenüber im Außenkreis. Nun erläutern sich die Schüler gegenseitig die von ihnen bearbeiteten Informationen und machen sich Notizen. Anschließend rückt der Außenkreis zwei Plätze nach links. Jetzt erläutern die Schüler das Thema, das sie nicht bearbeitet, sondern gerade präsentiert bekommen haben, ihrem Experten gegenüber. Dadurch können sie das Verständnis sichern und eventuelle Fragen klären. Stellen Sie die vorherige Sitzordnung wieder her.

Sicherung und Reflexion

ca. 10 Minuten

Notieren Sie als Impuls „Der Mensch stört die natürlichen Ökosysteme" an der Tafel. Die Schüler nehmen Stellung zu dieser Aussage und begründen ihre Position mit dem in der vorherigen Phase erarbeiteten Wissen. Hierbei ist eine differenzierte Argumentation wichtig.

Tipps/Variationen/Anschlussmöglichkeiten

- Für eine lebenswelt- und ortsnahe Auseinandersetzung könnte in Rahmen dieses Themas z. B. der Ortsförster in den Unterricht eingeladen werden.
- Es lassen sich ggf. im Umfeld der Schule, z. B. in einem Wald- oder Naturschutzgebiet, Beobachtungen über Maßnahmen zum Schutz des ökologischen Gleichgewichtes machen. In einem kurzen Unterrichtsgang oder als eigenständige Schülerrecherche lassen sich diese Maßnahmen häufig in den Unterricht einbeziehen.
- Für ungeübte Schüler kann die Phase des Notierens neuer Informationen während des Kugellagers entlastet werden, indem z. B. für das erste Thema gelbe und für das zweite Thema blaue Karteikarten ausgegeben werden. Diese könnten auch für die Vorbereitung der Präsentation genutzt werden.

Tafelbild für die Einstiegsphase

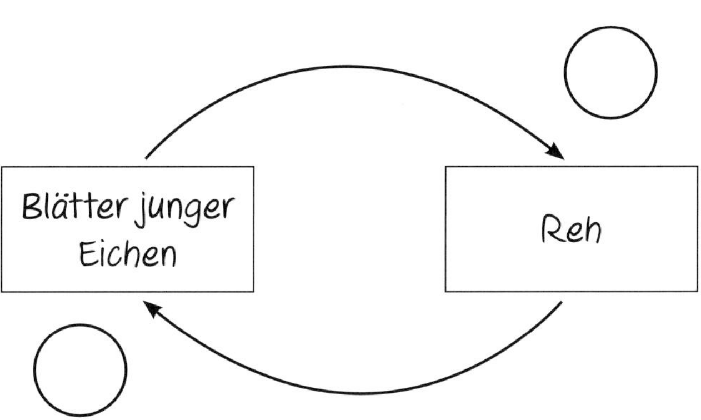

Wechselbeziehungen zwischen Reh und jungen Eichenblättern

Ökosysteme werden durch den Menschen erhalten

Eine Kulturlandschaft ist eine vom Menschen gestaltete und geprägte Landschaft. Zu den Kulturlandschaften gehören beispielsweise der klassische Stadtpark, Streuobstwiesen oder künstlich angelegte Seen; Heidelandschaften und Halbtrockenrasen zählen ebenfalls dazu. Es sind räumlich begrenzte Bereiche, die sich auch durch den Wechsel von Siedlungsflächen, naturbelassenen Flächen und bewirtschafteten Flächen auszeichnen. Das Besondere an solchen Kulturlandschaften ist, dass die Menschen ganz bewusst und gezielt Pflanzen ansiedeln, Rückzugsmöglichkeiten für Tiere bieten und diese auch kontrollieren, gegebenenfalls regulieren.

Halbtrockenrasen beherbergen eine ungemein hohe Artenvielfalt wärmeliebender Pflanzen und Tiere. Vielerorts findet man eine Vielzahl an Orchideen, aber auch seltene Reptilien und Insekten sind an diesen besonderen Standort angepasst, der im Naturschutz eine große Bedeutung einnimmt. Wenn der Mensch sich allerdings nicht um den Erhalt dieser Flächen bemühen würde, gäbe es sie gar nicht mehr. Sie würden mit der Zeit verbuschen. Dies bedeutet, dass sich Sträucher und Bäume auf den Halbtrockenrasen ausbreiten und so die Flächen der offenen und warmen Bereiche reduzieren. Dies würde dazu führen, dass bestimmten Pflanzen und Tieren der Lebensraum entzogen wird. Halbtrockenrasen sind über lange Zeit durch die Tätigkeit des Menschen entstanden: durch die Beweidung ursprünglich bewaldeter Flächen mit Ziegen und Schafen. Diese verbeißen nämlich junge Sträucher und Bäume, es entstehen Lichtungen und noch viel später offene Flächen. „Verbeißen" oder „der Verbiss" ist ein Fachwort und beschreibt das Abbeißen von Knospen und Blättern junger Pflanzen durch Nutztiere. Die Pflanze stirbt dann ab.
Früher war Schafbeweidung etwas ganz Normales, es gab viele Schäfer, die die Beweidung der Flächen garantierten, oder auch Wanderschäfer, die von einem Gebiet in das andere zogen. Heute ist der Beruf seltener geworden und Halbtrockenrasen müssen künstlich erhalten werden, z. B. durch Entbuschungsmaßnahmen. Aber auch die Schafbeweidung spielt heute im Naturschutz wieder eine zunehmende Rolle für den Erhalt von so wertvollen Gebieten wie Halbtrockenrasen. Wenn diese Gebiete nicht vom Menschen gepflegt würden, so wäre hier irgendwann ein Wald. Dies trifft auf viele Flächen zu – z. B. auch auf Heidelandschaften.

Aufgaben

1. **Lies den Text aufmerksam und markiere wichtige Schlüsselwörter zur Funktion des Menschen bei der Erhaltung von Ökosystemen. (Einzelarbeit)**
2. **Notiere Stichworte zur Erhaltung von Ökosystemen. (Einzelarbeit)**
3. **Tausche dich mit deinem Partner über deine Ergebnisse aus, kläre Rückfragen und ergänze ggf. deine Notizen.**
4. **Bereitet euch gemeinsam auf eine kurze Präsentation dieses Themas vor. Beachtet, dass euer neuer Partner dieses Thema nicht bearbeitet hat.**

Eingriffe des Menschen in Ökosysteme – noch notwendig?

Viele Eichen gehen aufgrund eines Schädlingsbefalls zugrunde. Daher können dort bestimmte Kleinstlebewesen, die auf die Bäume angewiesen sind, keinen Lebensraum oder keine Nahrung mehr finden. Dass die Eichen nicht mehr nachwachsen können, kann an einer Vielzahl von Rehen liegen, die sich von den Blättern ernähren. Da natürliche Feinde der Rehe in Deutschland im Laufe der Zeit ausgerottet wurden, ist unter strengen Auflagen zu bestimmten Zeiten die Jagd auf Rehe erlaubt.

Seit kurzer Zeit stellt sich die Frage, ob die Jagd in Zukunft noch notwendig ist. Immer mehr Wölfe kommen nach Deutschland zurück, beispielsweise ins südliche Niedersachsen und nach Ostwestfalen. Die Wölfe haben sich dort wieder angesiedelt, wie anhand der folgenden Zeitungartikel deutlich wird.

Ende Dezember waren im Oppenweher Moor (Kreis Minden-Lübbecke) an der Grenze zu Niedersachsen DNA-Spuren gesichert worden, die laut einer Laborprüfung nun deutlich auf den Wolf hinweisen. Das teilte das NRW-Umweltministerium am Freitag (23.01.2015) mit. Der Schafzuchtverband NRW hatte die Probe nach eigenen Angaben veranlasst, nachdem ein Schaf gerissen worden war.

(Quelle: www1.wdr.de/themen/aktuell/wolf-zurueck-in-nrw-100.html)

Groß ist die Freude beim Naturschutzbund Deutschland (Nabu) und bei den Jägern. „Der Wolf ist ein Bestandteil unseres Ökosystems", sagte Nabu-Sprecher Thomas Pusch: „Schön, dass er nach so vielen Jahren freiwillig und von alleine zurückkommt." Andreas Schneider vom Landesjagdverband NRW unterstrich: „Wir begrüßen den natürlichen Zuzug des Wolfes – genau wie den von Bär, Luchs und Co." Seit 2010 beschäftigen sich Land, Jäger, Naturschützer, Schäfer und andere Gruppen gemeinsam mit der Frage: Was tun, wenn der Wolf zurückkehrt? Denn dass er zurückkehrt – daran bestand kein Zweifel.

Was bedeutet die Rückkehr des Wolfes für Mensch und Tier? Während sich Naturschützer also freuen, wachsen bei den Schäfern die Sorgen. Auch beim Fall des Wolfes 2009 im Kreis Höxter „ist ein Schaf gerissen worden", verdeutlicht Dr. Ernst Brüggemann, Geschäftsführer des Schafzuchtverbandes NRW: „Viele andere Gruppen freuen sich über die Rückkehr des Wolfes. Wir gehören nicht dazu."

(Quelle: www.ruhrnachrichten.de/nachrichten/vermischtes/aktuelles_berichte/Spuren-aus-Ostwestfalen-ausgewertet-Nach-180-Jahren-Der-Wolf-ist-zurueck-in-NRW;art29854,2602571)

Aufgaben

1. **Lies den obigen Informationstext aufmerksam und markiere wichtige Schlüsselwörter zum Eingriff des Menschen in Ökosysteme und deren möglichem Wandel. (Einzelarbeit)**
2. **Notiere Stichworte zur Regulierung von Ökosystemen und zur Bedeutung der Rückkehr des Wolfes. (Einzelarbeit)**
3. **Tausche dich mit deinem Partner über deine Ergebnisse aus, kläre Rückfragen und ergänze ggf. deine Notizen.**
4. **Bereitet euch gemeinsam auf eine kurze Präsentation dieses Themas vor. Beachtet, dass euer neuer Partner dieses Thema nicht bearbeitet hat.**

Tulpe in der Tinte – Wasserhaushalt von Pflanzen

Darum geht's

Schülern fällt häufig die genaue Einhaltung von Teilschritten naturwissenschaftlicher Beobachtungen und deren Protokollierung schwer. Sie schließen vom (sichtbaren) Effekt auf ein Ergebnis und eine Erklärung, ohne diese genauer erläutern oder herleiten zu können. In dieser Unterrichtsstunde vertiefen die Schüler Schritt für Schritt die Fähigkeiten, ein Protokoll anzufertigen, in Verbindung mit der Erklärung der Wasserleitfähigkeit in Pflanzen.

Klassenstufe

7–8

Kompetenzerwartungen

Die Schüler können …

- naturwissenschaftliche Arbeitsweisen an einem Beispiel durchführen und reflektieren.
- die Bedeutung des Kontrollansatzes begründen.
- ein Versuchsprotokoll fach- und sachgerecht formulieren.

Material

- weiße Tulpen (in halber Klassenstärke)
- Gefrierbeutel
- Glasgefäße, z. B. Erlenmeyerkolben oder Bechergläser (in halber Klassenstärke)
- 1 Messer
- 1 Pipette
- Tinte (im Fässchen, schwarz, ggf. verschiedene Farben)
- Wasser
- Infoblatt „Wie gelangt Wasser in Blüten und Blätter?" (S. 36)

Vorbereitung

Stülpen Sie im Vorfeld je einen Gefrierbeutel über eine weiße Tulpe und befestigen sie diesen. Stellen Sie die so präparierten Tulpen an einen hellen und warmen Ort, ggf. für mehrere Tage. Kopieren Sie das Infoblatt (S. 36) in Klassenstärke.

Stundenverlauf

Einstieg

ca. 5 Minuten

Präsentieren Sie den Schülern gut sichtbar die Tulpe mit dem übergestülpten Gefrierbeutel. Es sollte sich Kondenswasser in dem Beutel gebildet haben. Die Schüler beschreiben die Beobachtung und formulieren mögliche biologische Fragestellungen, z. B. „Wie gelangt das Wasser über die Tulpe in den Gefrierbeutel?" und „Wie wird das Wasser in der Tulpe transportiert?" Informieren Sie die Schüler, dass in dieser Stunde die zweite Frage näher berücksichtigt wird. Erklären Sie den Schülern mündlich den Versuchsaufbau.

Erarbeitung

ca. 25 Minuten

Die Schüler arbeiten in 2er- oder 3er-Teams. Sie füllen Tinte und Wasser in das Glasgefäß, schneiden die Tulpe an und stellen sie in das Gefäß. Parallel stellt die Lehrperson eine Tulpe in ein Gefäß, das ausschließlich mit Wasser gefüllt ist. Während der Wartezeit wiederholen Sie die Bestandteile eines Versuchsprotokolls und notieren diese – ggf. mit Hilfsfragen – an der Tafel (z. B.: Aufbau und Durchführung des Versuchs: Was mache ich genau?, Beobachtung: Was ist zu sehen? …).
Die Schüler legen ein Versuchsprotokoll an und beobachten, was mit der Tulpe geschieht. Wichtig ist hierbei, dass sie zunächst begründete Vermutungen formulieren. Die Vermutungen können gemeinsam an der Tafel fixiert werden. Die Schüler vervollständigen Schritt für Schritt das

Versuchsprotokoll. Nach der Notiz der Beobachtungen können Informationszettel (Infoblatt, S. 36) zur Wasseraufnahme verteilt werden, mithilfe derer die Auswertung bzw. Deutung formuliert werden kann.
Da es während des Versuchs eine längere Wartezeit der Schüler geben kann, bietet es sich an, dass die Schüler bereits Vermutungen zu der ersten Beobachtung bzw. Fragestellung („Wie gelangt das Wasser über die Tulpe in den Gefrierbeutel?") schriftlich formulieren. Dies kann bei einer folgenden Thematisierung der Transpiration entlasten.

Präsentation und Sicherung

ca. 10 Minuten

Ein bis zwei Teams präsentieren die Ergebnisse ihres Versuchsprotokolls, wobei besonders auf die Formulierungen geachtet werden sollte. Die Ergebnisse werden ggf. korrigiert und ergänzt. Anschließend können die begründeten Vermutungen gemeinsam überprüft werden. Es sollte unbedingt auf eine genaue Unterscheidung zwischen Beobachtung (unvollständige Blattfärbung) und Vermutung (z. B. die Blütenblätter werden sich vollständig in der Farbe der Tinte färben) geachtet werden.

Reflexion

ca. 5 Minuten

Problematisieren Sie mit Ihren Schülern die Relevanz des Kontrollansatzes (Tulpe in Wasser ohne Tintenzusatz). Stellen Sie heraus, dass es beim naturwissenschaftlichen Arbeiten wichtig ist, immer nur eine Variable zu verändern, um aussagekräftige Ergebnisse zu erhalten bzw. die Ergebnisse auf diese Variable zurückführen zu können.

Tipps/Variationen/Anschlussmöglichkeiten

- Das Versuchsprotokoll sollte folgendermaßen aufgebaut sein:
  - Thema, Fragestellung
  - Vermutung
  - verwendete Materialien
  - Versuchsaufbau und -durchführung
  - Beobachtung
  - Auswertung
- Für geübte Klassen kann der Schritt zur Sammlung der Bestandteile eines Versuchsprotokolls weggelassen werden.
- Der Kontrollansatz kann auch für jede Gruppe als Vergleichsansatz berücksichtigt werden. Dementsprechend müssen mehr Tulpen zur Verfügung stehen.
- Je nach Jahreszeit empfiehlt es sich, die Versuchsansätze in der Vorstunde zu beginnen. Bei kälteren Temperaturen ist der Transpirationssog nicht so hoch, dass innerhalb einer Schulstunde Beobachtungen getätigt werden können.

Wie gelangt Wasser in Blüten und Blätter?

Ein wichtiges Organ für die Pflanzen ist die **Wurzel**. Sie dient einerseits zur festen Verankerung im Boden, andererseits ist sie für die Wasseraufnahme verantwortlich. Die feinen und größeren Wurzeln durchdringen die Hohlräume zwischen den Bodenteilchen. In diesen Hohlräumen befindet sich Wasser. Darin sind wichtige Mineralsalze gelöst, die die Pflanze mit dem Wasser aufnimmt. Über die feinen Wurzelhaare gelangt das Wasser in das Innere der Wurzel zu den Leitungsbahnen, die bis in die äußersten Spitzen der Pflanzen reichen. Die lang gestreckte, röhrenförmige **Leitungsbahn**, die für den Wassertransport verantwortlich ist, nennt man **Xylem**. Dass das Wasser und die darin gelösten Stoffe auch in die äußersten Bereiche einer Pflanze gelangen, wird durch verschiedene Mechanismen erreicht. Der **Druck in der Wurzel** ist hoch, sodass das Wasser förmlich in die oberen Pflanzenteile gedrückt wird. Das reicht aber z. B. bei einem Baum, der 20 Meter hoch ist, nicht aus. Viel wichtiger bei dem Wassertransport ist der sogenannte **Transpirationssog**. In der Luft, die die Pflanze umgibt, ist meist weniger Wasser vorhanden als in der Pflanze selbst. Das führt dazu, dass die Pflanze über die **Spaltöffnungen der Blätter und der Blütenblätter** Wasser an die Luft abgibt. Besonders stark ist die Transpiration, wenn es sehr warm oder sehr trocken ist. Durch die Wasserabgabe entsteht eine Art Sog, der dazu führt, dass Wasser aus den unteren Bereichen der Pflanze in die oberen Teile gelangt. Auch werden mit dem Wasser **gelöste Stoffe** transportiert.

 © Verlag an der Ruhr | Autorin: Julia Dankbar | Abb.: © Astrid Wilkesmann | ISBN 978-3-8346-2927-2 | www.verlagruhr.de

Die Zonierung des Sees

Darum geht's

Viele Sachverhalte der Ökologie bleiben im Unterricht eher auf theoretischer Ebene. Mit dieser Stunde lassen sich die Zonierung des Sees und die Zirkulation im Jahresverlauf anhand eines Demonstrationsversuchs veranschaulichen.

Klassenstufe

7–8

Kompetenzerwartungen

Die Schüler können ...

- Versuche nach Anleitung durchführen und ein Versuchsprotokoll erstellen.
- durch Versuche gewonnene Beobachtungen und Ergebnisse auf die Realität übertragen.

Material

- Arbeitsblatt „Die Zonierung des Sees im Jahresverlauf" (S. 38)
- flache Wasserschalen, Bechergläser, Glaspipetten (circa 10 ml), Thermometer (je in $^1/_3$ der Klassenstärke)
- schwarze Tinte und Wasser
- Eiswürfel (circa 2–3 pro Gruppe)
- evtl. Föhn

Vorbereitung

Kopieren Sie das Arbeitsblatt „Die Zonierung des Sees im Jahresverlauf" (S. 38) in Klassenstärke. Stellen Sie Eiswürfel sowie ein Gemisch aus Tinte und Wasser (4 °C) her.

Vorkenntnisse

Die Schüler sollten grundlegende Kenntnisse über die Zonierung der Freiwasserzone eines Sees haben (Oberschicht, Sprungschicht, Tiefenschicht).

Stundenverlauf

Einstieg

ca. 10 Minuten

Wiederholen Sie mit den Schülern knapp die Zonierung der Freiwasserzone eines Sees und erläutern Sie das weitere Vorgehen. Organisieren Sie die Verteilung von Material und besprechen Sie die Aufgaben.

Erarbeitung

ca. 25 Minuten

Die Schüler arbeiten in 3er-Gruppen. Sie führen den Versuch nach der Anleitung durch und protokollieren ihre Beobachtungen im Versuchsprotokoll. Abschließend übertragen Sie die gewonnenen Ergebnisse auf das Ökosystem See. Die Schüler räumen ihren Platz auf.

Präsentation und Sicherung

ca. 10 Minuten

Die Schüler präsentieren ihre Beobachtungen und erläutern ihre Übertragung auf das Ökosystem See. Achten Sie hierbei insbesondere auf die Verwendung von Fachvokabular.

Tipps/Variationen/Anschlussmöglichkeiten

- Im Anschluss bietet sich die Erarbeitung einer Übersicht der Stadien des Sees im Jahresverlauf an (Frühjahrszirkulation, Sommerstagnation, Herbstzirkulation, Winterstagnation).

Die Zonierung des Sees im Jahresverlauf

Führt folgenden Versuch durch und vervollständigt das Versuchsprotokoll:

Material:

- 1 flache Schale mit Wasser (20 °C)
- 1 Becherglas mit Tinten-Wasser-Gemisch (4 °C)
- 1 Thermometer
- Eiswürfel
- 1 Pipette
- evtl. 1 Föhn

Durchführung und Beobachtung:

- Kontrolliert die Temperaturen des Wassers und des Tinten-Wasser-Gemisches mit dem Thermometer genau. Gebt evtl. noch etwas warmes bzw. kaltes Wasser hinzu, um die Temperatur zu erreichen.
- Nehmt mit der Pipette das Tinten-Wasser-Gemisch auf.
- Führt die Pipette langsam und vorsichtig mit der Spitze bis auf den Grund der Schale mit Wasser.

1. Vermutet, was nach der Hinzugabe des Tinten-Wasser-Gemisches zu beobachten sein wird.

....

....

....

- Lasst nun langsam das Tinten-Wasser-Gemisch auf den Grund der Schale mit Wasser fließen.

2. Notiert eure Beobachtungen nach etwa 2 Minuten Wartezeit.

....

....

....

3. Vermutet, was zu beobachten sein wird, wenn man nun die Eiswürfel hinzugibt.

....

....

....

- Gebt nun vorsichtig 2–3 Eiswürfel in das Gefäß mit Wasser. Falls nach einiger Zeit noch keine deutliche Veränderung sichtbar wird, haltet den Föhn im Abstand von circa 30 cm auf die Wasseroberfläche, sodass diese leichte Wellen schlägt.

4. Notiert eure Beobachtungen.

....

....

....

Ergebnis und Auswertung

5. Begründet eure Beobachtungen.

....

....

....

....

....

6. Übertragt eure Beobachtungen auf den See. Überlegt zunächst, was mit den einzelnen Versuchsschritten dargestellt wurde. Tipp: Bedenkt die unterschiedlichen Temperaturen.

....

....

....

....

....

....

....

Evolution

Bohnen: Variationen innerhalb einer Population

Darum geht's

Schüler können häufig beschreiben, dass es Unterschiede zwischen Lebewesen verschiedener Arten sowie zwischen gleichen Arten in unterschiedlichen Lebensräumen gibt. Dass aber Variationen innerhalb von Populationen völlig „normal" sind und damit zugleich die Grundlage für Evolution bilden, bleibt häufig zu wenig berücksichtigt. Dieses Wissen ist jedoch eine notwendige Voraussetzung für das Verständnis von Evolutionsmechanismen und wird in dieser Stunde exemplarisch mithilfe von Feuerbohnen erarbeitet.

Klassenstufe

7–8

Kompetenzerwartungen

Die Schüler können …

- die natürliche Variation innerhalb einer Population exemplarisch anhand der Bohnen beschreiben und weitere Beispiele nennen.
- naturwissenschaftliche Arbeitsweisen einüben, indem sie die Bohnen vermessen und die Werte in ein Diagramm übertragen.
- Vermutungen über die Konsequenzen natürlicher Variation benennen.

Material

- ca. 1 kg Feuerbohnen (im Gartenfachhandel auch als Prunkbohnen erhältlich)
- Plastiktüten oder Schraubdeckelgläser (in $^1/_3$ der Klassenstärke)
- Folienabschnitte (in $^1/_3$ der Klassenstärke)
- 1 Lineal pro Gruppe
- Arbeitsaufträge für die Schüler (S. 41)
- Overheadprojektor

Vorbereitung

Füllen Sie ca. zwei Hände voll Bohnen in jede Tüte bzw. in jedes Schraubdeckelglas. Teilen Sie die Overhead-Folien in der Mitte; jede Gruppe erhält einen Folienabschnitt. Kopieren Sie die Arbeitsaufträge für die Schüler (S. 41) in Klassenstärke oder schreiben Sie sie an die Tafel.

Stundenverlauf

Einstieg

ca. 5 Minuten

Die Schüler arbeiten in 3er-Teams. Verteilen Sie je eine Tüte bzw. je ein Schraubdeckelglas mit den (unterschiedlich großen) Bohnen an die Schüler. Die Schüler beschreiben, was zu sehen ist, und stellen die unterschiedlichen Größen und Formen heraus. Leiten Sie über zur Erarbeitungsphase, indem Sie erklären, dass es zunächst nur um die unterschiedlichen Größen geht.

Erarbeitung

ca. 25 Minuten

Teilen Sie die Arbeitsaufträge (S. 41) aus bzw. schreiben Sie diese an die Tafel, besprechen Sie das Vorgehen und klären Fragen. Die Schüler vermessen in einer vorgegebenen Zeit so viele Bohnen wie möglich, notieren die Angaben und übertragen diese in ein Säulendiagramm in ihrem Heft. Anschließend beschreiben die Schüler in Einzelarbeit ihr Diagramm schriftlich. Jede Gruppe erstellt zusätzlich ein Diagramm auf dem ausgeteilten Folienabschnitt.

Präsentation und Sicherung

ca. 10 Minuten

Die Gruppen präsentieren der Reihe nach ihr Diagramm mithilfe des Folienabschnitts und des OHP. Dabei werden alle Abschnitte im Sinne der Overlay-Technik übereinandergelegt. Bei gleicher bzw. ähnlicher Skalierung stellt sich heraus, dass alle Gruppen ein annähernd ähnliches Ergebnis haben. Ein bis zwei Gruppen lesen die Diagrammbeschreibung (siehe Aufgabe 3) vor, sodass anschließend wichtige Aspekte dieser Methode besprochen werden können. Formulieren Sie gemeinsam mit den Schülern ein zusammenfassendes Ergebnis zu den Messungen und notieren Sie es an der Tafel.

Reflexion/Ausblick

ca. 5 Minuten

Reflektieren Sie mit den Schülern, inwiefern es bedeutsam ist, dass es Unterschiede bzw. Variationen innerhalb der Bohnenmischung und – übertragen – in Populationen gibt. Es sollten v. a. Vorteile bzw. Nachteile einer bestimmten Bohnengröße genannt werden. Z. B. könnte eine Vermutung sein, dass sehr große Bohnen besser wachsen und sich entwickeln werden als kleine. In diesem Zusammenhang können Schüler einen Versuch ausarbeiten, wie sich diese Vermutung überprüfen ließe (einpflanzen und unter gleichen Standortbedingungen Wachstum beobachten). Das Einpflanzen und die genauere Beobachtung können als Langzeithausaufgabe gestellt werden.

Tipps/Variationen/Anschlussmöglichkeiten

- Es können alternativ auch andere Bohnen oder Samen verwendet werden.
- Je nach Lerngruppe kann es hilfreich sein, wenn auf den Folienabschnitten bereits ein Diagramm mit den entsprechenden Skalierungen auf den Achsen abgedruckt ist, um so sicherzustellen, dass dieselbe Skalierung verwendet wird und die Overlay-Technik eingesetzt werden kann.
- Je nach Lernstand der Schüler können Hilfen zur Diagrammerstellung und -auswertung ergänzt werden.
- Für mehr Informationen vgl. http://evolution.berkeley.edu

Arbeitsaufträge für die Schüler

1. **Ihr habt zehn Minuten Zeit: Bestimmt mithilfe des Lineals die Größe so vieler Bohnen wie möglich und notiert diese genau. (Gruppenarbeit)**
2. **Erstellt in eurem Heft ein Diagramm aus den Messergebnissen der Aufgabe 1. (Einzelarbeit) Tipp: Hilfreich ist ein Säulendiagramm. Legt vorher die Skalierung (= Einteilung der Achsen) fest, damit das Diagramm übersichtlich wird.**
3. **Beschreibe das Diagramm schriftlich in deinem Heft. (Einzelarbeit)**
4. **Übertragt euer Diagramm auf den vorbereiteten Folienabschnitt, sodass ihr es anschließend in der Klasse präsentieren könnt (Gruppenarbeit).**

Tiere nach ihrer Verwandtschaft ordnen

Darum geht's

Genaues Beobachten, Vergleichen und Ordnen stellen zentrale Tätigkeiten in den Naturwissenschaften dar. Gerade hinsichtlich verwandtschaftlicher Beziehungen wird oft beobachtet, dass lediglich das Aussehen und/oder der Name für Schüler ein Ordnungskriterium darstellen. Warum heißt z. B. das Heupferd so, hat aber evolutiv gesehen nichts mit dem Pferd, auf dem man reiten kann, zu tun? In dieser Stunde erhalten die Lernenden einen ersten Überblick über verwandtschaftliche Beziehungen und üben genaues Betrachten. Für weitere Informationen vgl. http://evolution.berkeley.edu

Klassenstufe

5–6

Kompetenzerwartungen

Die Schüler können...

- ihre eigenen Kriterien, nach denen sie Tiere ordnen, benennen.
- einen Stammbaum überblicksartig lesen und verwandtschaftliche Beziehungen daran bestimmen.
- ihre eigenen Ordnungskriterien reflektieren und anhand von Stammbäumen überarbeiten.

Material

- je Schüler: 6–8 Abbildungen von Tieren (Wirbeltiere sowie Wirbellose) aus Zeitungen oder Zeitschriften
- Tonkarton oder DIN-A3-Papier als Grundlage für die Collage
- 1 Schere und Kleber pro Schüler
- ggf. Overheadprojektor

Vorbereitungen

Ihre Schüler sollen als Hausaufgabe vorab verschiedene Zeitschriften und Zeitungen mitbringen, in denen Tiere abgebildet sind. Weitere Tierabbildungen können die Schüler aus dem Internet ausdrucken. Alternativ können Sie diese Materialien zur Verfügung stellen oder sie ergänzen, z. B. durch Fachzeitschriften, die für die Schüler meist seltener zugänglich sind.
Halten Sie Collagenpapier für jeden Schüler bereit (z. B. DIN-A3-Papier). Zeichnen Sie das Tafelbild an oder bereiten Sie es auf einer Folie vor.

Stundenverlauf

Einstieg

ca. 5 Minuten

Greifen Sie auf die Hausaufgabe zurück und lassen Sie die Schüler Vermutungen anstellen, in welcher Beziehung die Tiere, deren Abbildungen sie vorliegen haben, zueinander stehen bzw. in welchem Verwandtschaftsverhältnis sie stehen.
Die Äußerungen bleiben unkommentiert, sind für die Schüler aber wichtige Hilfestellungen für die eigenen Entscheidungen in der Erarbeitungsphase.

Erarbeitung

ca. 20 Minuten

Die Schüler erhalten die Aufgabe, eine Collage zu erstellen, in der deutlich wird, welche Tiere näher oder weiter entfernt miteinander verwandt sind. Die Schüler ordnen in Einzelarbeit die Abbildungen nach ihren Vorstellungen an und bilden anschließend ein Team mit ihrem Sitznachbarn. Jeder Lernende erläutert und begründet seinem Partner die Anordnung. Diskussionen sind dabei durchaus erwünscht, um in die Tiefe der Auseinandersetzung zu kommen.

Präsentation und Sicherung

ca. 15 Minuten

Einzelne Schüler beschreiben ihre Anordnung und begründen sie. (Eine Präsentation gestaltet sich schwierig, da die Bilder noch nicht aufgeklebt sind.) Präsentieren Sie nun an der Tafel oder auf einer Folie einen vereinfachten Stammbaum.

Die Schüler beschreiben die Abbildung, vermuten, nach welchen Kriterien diese geordnet ist, und stellen die Darstellung der verwandtschaftlichen Beziehungen heraus. Hierbei sollte auch ein Vergleich zu den eigenen Ordnungskriterien und denen der Wissenschaftler angestrebt werden.

Reflexion

ca. 5 Minuten

Die Schüler überarbeiten ihre Collage und ordnen die Tiere neu. Anschließend kleben sie die Abbildungen nach der neuen Anordnung auf.

Tipps/Variationen/Anschlussmöglichkeiten

- Falls Sie eine bessere Vergleichbarkeit der Anordnung wünschen, können Sie im Vorfeld Bilder zu verschiedenen Tieren recherchieren, z. B. Kamel, Vogel, Affe, Fisch, Ameise, Schnecke, Mensch, **und den Schülern je einen Satz als Bildkarten zur Verfügung stellen**.
- Für die Präsentationsphase böte sich auch ein Galeriegang an, sodass im Austausch im Plenum Gemeinsamkeiten und Unterschiede benannt werden können.

Tafelbild/Folienvorlage

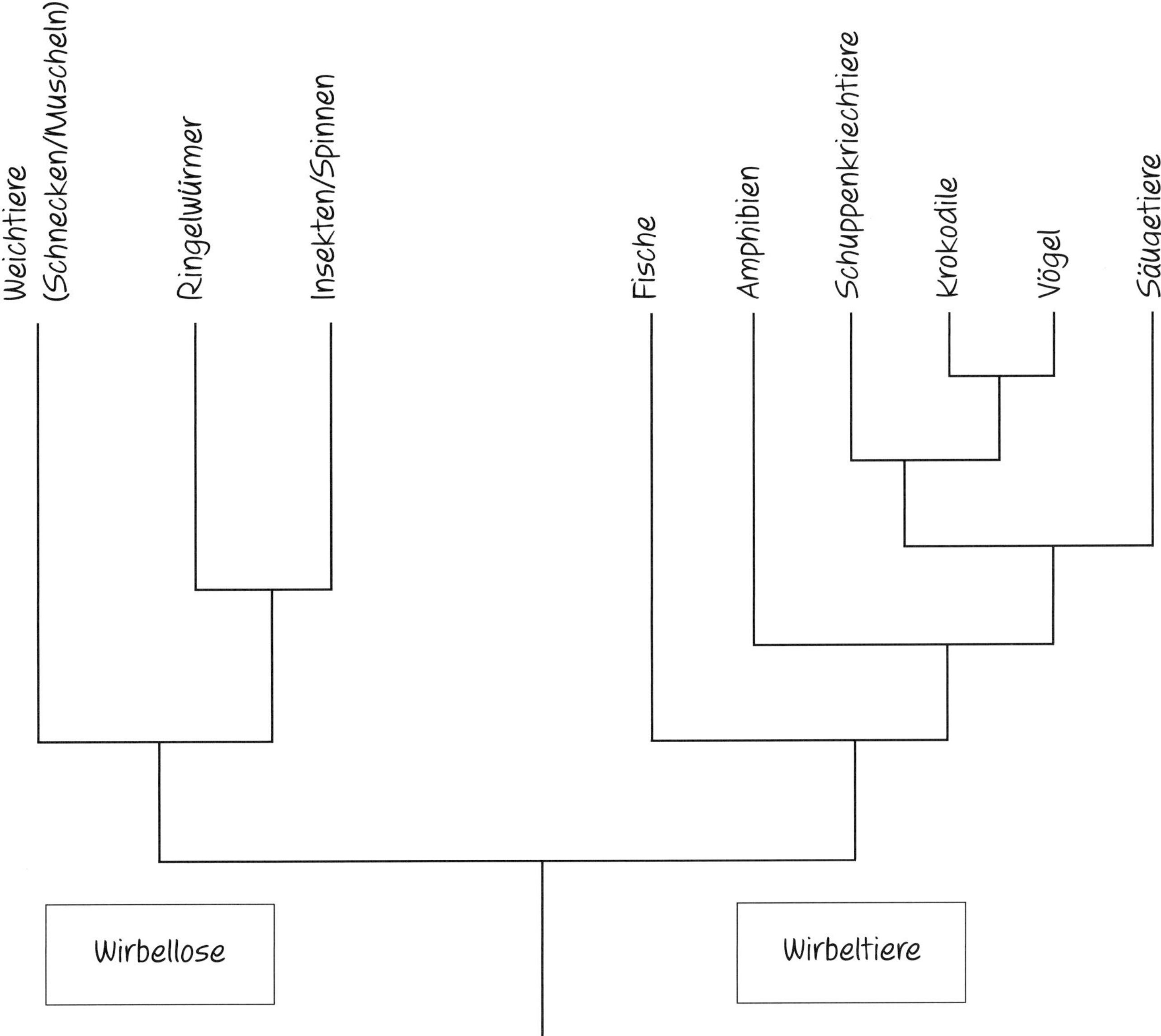

Stammbaum der Wirbeltiere und Wirbellosen – schematisch

Mäuse mit unterschiedlicher Fellfarbe

Darum geht's

Mutation und Variation treten zufällig in unterschiedlichen Populationen auf. Am Beispiel der Kalifornischen Taschenmaus wird in dieser Stunde Schritt für Schritt erarbeitet, welche Vor- und Nachteile bestimmte Variationen haben, inwiefern sich diese auf das vorherrschende Nahrungsnetz auswirken und wie dadurch Selektion beschrieben werden kann.

Klassenstufe

8–10

Kompetenzerwartungen

Die Schüler können ...

- Vor- und Nachteile von Mutation und Variation beschreiben.
- erklären, inwiefern Mutation und Selektion Evolutionsfaktoren darstellen, und diese fachsprachlich differenzieren.
- Daten analysieren.

Material

- Arbeitsblatt „Taschenmäuse an verschiedenen Orten" (S. 46)
- englischsprachiger Film des Howard Hughes Medical Institutes (hhmi), „The Making of the Fittest: Natural Selection and Adaption" über das Internet (Dauer: 10:29 min): www.hhmi.org/biointeractive/making-fittest-natural-selection-and-adaptation
- PC mit Internetanschluss, Beamer

Vorbereitung

Kopieren Sie das Arbeitsblatt (S. 46) in Klassenstärke. Rufen Sie den Film für die Erarbeitungsphase über die URL auf.

Vorkenntnisse

Die Schüler sollten Kenntnisse über Tarnung, Fressfeinde und Grundbegriffe der Evolutionsmechanismen (Mutation, Variation, Selektion) haben.

Stundenverlauf

Einstieg

ca. 10 Minuten

Beginnen Sie mit einem kurzen Lehrervortrag, der über die Kalifornische Taschenmaus informiert (vgl. Lehrerinformation S. 45). Verteilen Sie an die Schüler das Arbeitsblatt (S. 46), auf dem weiße und schwarze Taschenmäuse auf unterschiedlichem Untergrund dargestellt sind. Die Schüler zählen die verschiedenfarbigen Mäuse. Sie stellen Vermutungen darüber an, welche Aufnahme zeitgeschichtlich früher bzw. später gemacht werden konnte, und erläutern Vor- bzw. Nachteile der jeweiligen Fellfarbe.

Erarbeitung

ca. 25 Minuten

Zeigen Sie den Film „The Making of the Fittest: Natural Selection and Adaption" (am besten mit Untertiteln). Während des Films sollten die Schüler folgende Beobachtungsschwerpunkte haben, die ggf. aufgeteilt werden können:

- Begründe, warum einige Mäuse eine hellere, andere eine dunklere Fellfarbe haben.
- Benenne Vorteile und Nachteile der jeweiligen Fellfarbe.
- Nenne die Fressfeinde der Kalifornischen Taschenmaus.

Die Schüler haben anschließend kurz Gelegenheit, evtl. Verständnisschwierigkeiten in Kleingruppen zu klären. Sie beginnen dann entsprechend ihrem Lerntempo in Teams mit der Bearbeitung der Aufgaben 4–7 des Arbeitsblattes (S. 46), um anschließend ihre Vermutungen aus der Einstiegsphase überprüfen zu können.

Präsentation und Sicherung

ca. 10 Minuten

Die Schüler präsentieren und erläutern ihre Ergebnisse der Aufgaben 4–7 des Arbeitsblattes (S. 46) und erklären den Unterschied zwischen Mutation, Variation und Selektion.

Tipps/Variationen/Anschlussmöglichkeiten

- Auch wenn der Film in englischer Sprache ist, ist das grundlegende Verständnis für Schüler gesichert. Bei Sprachschwierigkeiten können Sie den Film an einigen Stellen stoppen, um über die Informationen über der gezeigten Sequenz Schritt für Schritt zu sprechen.
- In Anlehnung an dieses Beispiel bietet sich eine Reorganisation anhand des Industriemelanismus (Birkenspanner in England) an.
- Für weitere Informationen vgl. www.Biointeractive.org

Lehrerinformation

Eine typische Kalifornische Taschenmaus ist circa 170 mm groß und in allen Wüstengebieten der südwestlichen USA zu finden. Dort findet man Mäuse mit zwei unterschiedlichen Fellfarben: eine helle und eine dunkle Variante. In diesen Wüstengebieten gibt es hauptsächlich sandige Böden. Allerdings sind auch Flächen zu finden, die durch dunkles Vulkangestein geprägt sind und sich von den hellen Sandflächen abheben.

Taschenmäuse an verschiedenen Orten

A

B

Kalifornische Taschenmäuse mit unterschiedlicher Fellfarbe an Ort A und B zu einem bestimmten Zeitpunkt

A

B

Kalifornische Taschenmäuse mit unterschiedlicher Fellfarbe an Ort A und B zu einem anderen Zeitpunkt

Die beiden Abbildungen stellen Beobachtungen der Kalifornischen Taschenmaus an jeweils zwei Orten und insgesamt zu zwei Zeitpunkten dar.

Aufgaben

1. **Bestimme die Anzahl der Mäuse mit weißer und dunkler Fellfarbe für jeden Ort.**
2. **Stelle Vermutungen an, welche Beobachtungen an Ort A und B zeitlich früher bzw. welche zeitlich später gemacht werden konnten.**
3. **Vermute, inwiefern die Fellfarben an den jeweiligen Orten Vorteile oder Nachteile haben.**
4. **Begründe, warum die Fellfarbe einen Einfluss darauf hat, dass die Mäuse an den jeweiligen Orten überleben und sich fortpflanzen können.**
5. **Erkläre die Beobachtung, dass an Ort A auch Mäuse mit dunkler Fellfarbe zu finden sind, diese in der Population dort aber nicht häufiger werden.**
6. **Beschreibe und begründe die Veränderungen in der Population der Kalifornischen Taschenmaus an Ort B im Lauf der Zeit.**
   Tipp: Berücksichtige dabei, warum es in 50 Jahren zunehmend mehr schwarze Mäuse an diesem Ort geben wird.
7. **Nutze deine Ergebnisse der Auszählung sowie die Erklärungen aus Aufgabe 4 und 5: Erkläre, warum Mutationen und Variationen zufällig vorkommen, Selektion aber nicht zufällig ist.**

  ISBN 978-3-8346-2927-2 | www.verlagruhr.de

Wissen über naturwissenschaftliche Evidenzen

Darum geht's

Naturwissenschaften stellen in den Augen der Schüler häufig die Fachgebiete dar, in denen es Eindeutigkeiten und verlässliche Antworten gibt. Dass auch Naturwissenschaftler vielfach ihre Hypothesen verwerfen, sie mit neuen Ansätzen überprüfen und über vermeintlich klare Ergebnisse diskutieren, gilt es, in dieser Stunde zu reflektieren. Die Schüler erörtern anhand von eigenen Satzkonstruktionen die Vorgehensweise der naturwissenschaftlichen Erkenntnisgewinnung. Dies kann auch als eine Art Vorübung für praxisnahes Arbeiten im Unterricht genutzt werden.

Klassenstufe

7–8

Kompetenzerwartungen

Die Schüler können …

- Vorstellungen und Vermutungen über naturwissenschaftliche Arbeitsweisen benennen und nach der Erarbeitung reflektieren.
- Beispiele aus einem anderen (Fach-)Zusammenhang auf naturwissenschaftliche Arbeitsweisen übertragen und dieses reflektieren.

Material

- 2 Sätze oder Ausrufe aus bekannten Märchen (Vorschlag s. Lehrerhinweis, S. 48), jeweils in $^1/_4$ der Klassenstärke
- Briefumschläge (pro Satz 1 Briefumschlag), in halber Klassenstärke
- ggf. weißes Papier

Vorbereitung

Kopieren Sie ein Satzpuzzle vergrößert in $^1/_4$ der Klassenstärke, laminieren Sie es ggf. und schneiden Sie die einzelnen Wörter auseinander. Legen Sie je Satz die einzelnen Wortkarten in je einen Briefumschlag.

Stundenverlauf

Einstieg

ca. 10 Minuten

Fassen Sie ggf. knapp an einem Beispiel aus dem Unterricht (Edward Jenner: Entdeckung der Schutzimpfung; Alexander Fleming: Penicillin) zusammen, was man über einen bestimmten naturwissenschaftlichen Sachverhalt weiß. Stellen Sie informierend heraus, dass dieses Wissen vor einiger Zeit von Naturwissenschaftlern bzw. Biologen entdeckt oder erarbeitet wurde. Leiten Sie über zu der Frage „Wie arbeiten Naturwissenschaftler?" Geben Sie den Schülern in einer kurzen Murmelphase Zeit, ihre Vorkenntnisse und Vermutungen zu reaktivieren. Die Schüler sollen diese dann gemeinsam mit ihrem Partner verbalisieren, bevor sie gesammelt und an der Tafel notiert werden. Achten Sie darauf, dass herausgestellt wird, dass es v. a. um klare, eindeutige Ergebnisse geht. Die Schüler notieren den Tafelanschrieb in ihr Heft.

Erarbeitung

ca. 15 Minuten

Organisieren Sie die Erarbeitungsphase, indem Sie die Klasse in 4er-Gruppen einteilen. Erläutern Sie das weitere Vorgehen sowie dessen Ziel. Die Schülergruppen erhalten je zwei Umschläge mit den beiden zerschnittenen Satzteilen. Ihre Aufgabe ist es nun, die Satzteile in die richtige Reihenfolge zu legen. Während es bei dem ersten Satz („Rapunzel, Rapunzel …") relativ schnell zu einer Einigung kommen wird, sollte auf eine umfassende Diskussion der Möglichkeiten bei dem zweiten Satz geachtet werden. Je nach Lerngruppe ist es hier sinnvoll, das Für und Wider eines bestimmten Ergebnisses stichwortartig notieren zu lassen (Diskussionsprotokoll). Entweder die Schüler einigen sich in ihrer Gruppe auf ein Ergebnis oder nutzen die bereitgestellten Blätter, um weitere Möglichkeiten zu notieren. Die Schüler begründen ihre Entscheidung mithilfe von Notizen.

Präsentation und Sicherung

ca. 10 Minuten

Um die Lösungen der anderen vor Augen zu haben, bietet sich hier ein kurzer Museumsgang in gemischten Gruppen an. Je ein Schüler pro Erarbeitungsgruppe erläutert und begründet den neuen Gruppenmitgliedern die Überlegungen und Entscheidungen. Hier ist es ausreichend, wenn jeder Schüler mindestens zwei weitere Lösungen präsentiert bekommt.

Reflexion

ca. 10 Minuten

Reflektieren Sie gemeinsam mit den Schülern zunächst die Entscheidungsfindung und mögliche Diskussionspunkte bei der Satzkonstruktion. Leiten Sie eine Übertragung auf naturwissenschaftliche Arbeitsweisen mit Bezug auf das Tafelbild vom Einstieg an. Die Schüler stellen heraus, dass bei wissenschaftlichen Ergebnissen meist auch nur „Puzzlestücke" (= Wörter) gegeben sind, die zu einem sinnvollen Ganzen (= Satz) zusammengefügt werden müssen. Wie genau das Ganze dann erläutert wird und zu verstehen ist, kann sehr unterschiedlich ausgelegt werden.
Ein konkretes Beispiel wäre das Zusammenlegen einzelner Bestandteile von Fossilien. Es gilt, hier und mit Bezug auf die Erarbeitungsphase herauszustellen, dass es nicht um die eine richtige Lösung geht, sondern dass immer verschiedene Lösungswege zu testen sind. Dieses sollte schriftlich von den Schülern (ggf. als Hausaufgabe) reflektiert werden.

Tipps/Variationen/Anschlussmöglichkeiten

- Wählen Sie ggf. als Anpassung an das Niveau der Lerngruppe komplexere oder einfachere Sätze. Meist bieten sich dazu Märchen oder bekannte Erzählungen an.
- Für weitere Informationen vgl. http://evolution.berkeley.edu

Lehrerhinweis

Vorschlag für ein Satzpuzzle

RAPUNZEL	RAPUNZEL	LASS	DEIN
HAAR	HERUNTER		
UND	WIE	ES	SO
STAND	UND	GAR	NICHTS
MEHR	HATTE	FIELEN	AUF
EINMAL	DIE	STERNE	VOM
HIMMEL	UND	WAREN	LAUTER
HARTE	BLANKE	TALER	

- Die Originalsätze der Märchen lauten wie folgt:
  - „Rapunzel, Rapunzel, lass dein Haar herunter!" (J. Grimm/W. Grimm: Kinder- und Hausmärchen, Rapunzel, 1812–15, KHM 12)
  - „Und wie es so stand und gar nichts mehr hatte, fielen auf einmal die Sterne vom Himmel, und waren lauter harte blanke Taler." (J. Grimm/W. Grimm: Kinder- und Hausmärchen, Die Sterntaler, 1812–15, KHM 153)

Angepasstheiten von Tieren an ihren Lebensraum

Darum geht's

In dieser Doppelstunde wird auf die Zusammenhänge von Bau und Funktion (Basiskonzept) anhand von drei Beispielen eingegangen. Des Weiteren liegt ein Fokus darauf, die Schüler dafür zu sensibilisieren, dass der Lebensraum gegeben ist und die Tiere aufgrund ihres angepassten Körperbaus dort besser überleben und sich so fortpflanzen können. Die Schüler sollen lernen, dass sich die Tiere mit ihrer Anatomie nicht „aktiv" an den Lebensraum angepasst haben.

Klassenstufe

5–7

Kompetenzerwartungen

Die Schüler können ...

- die Angepasstheiten von Maulwurf, Taube und Fisch an ihren Lebensraum beschreiben, indem sie die Vorteile bzw. Funktionen von bestimmten Körpermerkmalen benennen.
- fach- und adressatengerecht kommunizieren und Verantwortung für das eigene Lernen und das Lernen anderer übernehmen.

Material

- je 1 Bildkarte von Maulwurf, Fisch, Taube, Erde, Wasser sowie Himmel
- Materialblatt „Wie ist die Taube an ihren Lebensraum angepasst?" (S. 51)
- Materialblatt „Wie ist der Maulwurf an seinen Lebensraum angepasst?" (S. 52)
- Materialblatt „Wie ist der Fisch an seinen Lebensraum angepasst?" (S. 52)

Vorbereitung

Recherchieren Sie im Internet Abbildungen für die genannten Bildkarten und stellen Sie sie her. Kopieren Sie die Materialblätter (S. 51/52) zu je $^1/_3$ der Klassenstärke. Beschriften Sie die Materialblätter („Taube", „Maulwurf" und „Fisch"; S. 51/52) durchgehend mit Zahlen und Buchstaben (gleiches Thema → gleicher Buchstabe; Beispiel: 3 Materialblätter zur Taube: A1, A2, A3), sodass Sie ein Gruppenpuzzle damit durchführen können.

Stundenverlauf

Einstieg

ca. 5 Minuten

Verteilen Sie die sechs Bildkarten in der Klasse an sechs Schüler. Die Schüler und ihre Sitznachbarn beschreiben die Abbildung und befestigen sie an der Tafel. Dabei erstellen sie eine Zuordnung (Fisch zu Wasser etc.). Fordern Sie die Schüler auf, die Zuweisung genauer zu begründen, und lenken Sie den Fokus auf die Angepasstheit der Tiere an ihren spezifischen Lebensraum.

Erarbeitung

ca. 60 Minuten

Informieren Sie die Schüler über das weitere organisatorische Vorgehen, indem Sie die Methode des Gruppenpuzzles erläutern. Teilen Sie die Klasse in drei Gruppen ein. Je eine Gruppe erhält ein Materialblatt (S. 51/52) und bearbeitet je ein Thema zu einem bestimmten Tier, das anschließend präsentiert werden muss. Im Anschluss an die Einzelarbeit treffen sich alle Schüler, die denselben Buchstaben auf dem Arbeitsblatt vermerkt haben, und tauschen sich über ihre Ergebnisse aus, ergänzen diese eventuell und bereiten sich auf die Präsentation vor. Nun treffen sich alle Schüler, die dieselbe Zahl auf ihrem Arbeitsblatt finden, und bearbeiten die Aufgaben für die Gruppenpräsentation (s. Arbeitsaufträge S. 50).

Präsentation und Sicherung

ca. 10 Minuten

Stellen Sie die ursprüngliche Sitzordnung wieder her und verweisen Sie auf das Tafelbild des Einstieges. Alle Schüler sind nun gefordert, jede Zuordnung genau mit ihrem neu erworbenen Wissen zu begründen.

Reflexion

ca. 10 Minuten

Reflektieren Sie mit Ihren Schülern das Gelingen der Methode des Gruppenpuzzles und lassen Sie die Schüler Schwierigkeiten, Vorteile und Verbesserungsmöglichkeiten nennen.

Tipps/Variationen/Anschlussmöglichkeiten

- Für ungeübte Schüler kann eine Präsentationsvorbereitung anhand von Notizen auf Karteikarten, die sie während der Präsentation nutzen können, sinnvoll sein.

Arbeitsaufträge für die Schüler

Zum Arbeitsblatt

1. **Lies den Text aufmerksam durch und markiere wichtige Begriffe und Aussagen zum Körperbau und zu den Vorteilen für das Tier.**
2. **Beschreibe in eigenen Worten den Lebensraum des Tieres.**
3. **Wie ist das Tier an seinen Lebensraum angepasst? Notiere in einer Tabelle die Angepasstheit in die linke Spalte sowie die Vorteile bzw. Funktionen dieser Angepasstheit in die rechte Spalte.**

Zur Auswertung

Schreiben Sie die folgende Tabelle an die Tafel.

Tier 1		Tier 2	
Angepasstheit	Vorteil/ Funktion	Angepasstheit	Vorteil/ Funktion

1. **Lege in deinem Heft im Querformat eine Tabelle an, wie sie hier zu sehen ist. Notiere statt „Tier 1" und „Tier 2" die Tiere, die du nicht behandelt hast.**
2. **Präsentiert der Reihe nach die Angepasstheiten von Maulwurf, Taube und Fisch. Hört euren Mitschülern zunächst genau zu und stellt anschließend Fragen, falls nötig.**
3. **Nach jeder Präsentation vervollständigen die Zuhörer in Einzelarbeit ihre Tabelle. Falls ihr noch etwas vergessen habt, fragt den Experten.**

Wie ist die Taube an ihren Lebensraum angepasst?

Tauben lassen sich auf Straßen und Plätzen unserer Städte beobachten. Geschickt weichen sie den Fußgängern aus. Mit wenigen Flügelschlägen erheben sie sich in die Luft und gleiten nur wenige Meter weiter wieder zu Boden. Welche besonderen Eigenschaften ermöglichen den Tauben das Fliegen?

Körperbau. Die Taube trägt wie alle Vögel ein Federkleid. Nur Schnabel und Füße besitzen kein Gefieder. Den Vogelkörper durchzieht wie bei den Säugetieren eine Wirbelsäule. Vögel sind Wirbeltiere. Bis auf den Halswirbel sind alle Wirbel miteinander verwachsen. Sie bilden eine starre Achse und verhindern, dass sich der Rumpf beim Fliegen verbiegt. Zusätzlich sorgen starre Verbindungen zwischen den Rippen untereinander und mit dem Brustbein für Festigkeit des Skeletts. Die Taube besitzt wie alle Vögel einen stromlinienförmigen Körper. Diese Körperform erleichtert das Fliegen, denn sie bietet der Luft weniger Widerstand.

Flügel. Vergleicht man die Flügel der Taube mit den Vorderbeinen der Säugetiere oder den Armen eines Menschen, erkennt man Ähnlichkeiten. So besteht auch das Flügelskelett aus einem Oberarmknochen, den Unterarmknochen und den Handknochen. Die Flügel der Vögel entsprechen also den Vordergliedmaßen von Säugetieren. Die Federn stecken in der Haut des Unterarms und der Hand.

Leichtbauweise. Voraussetzung für das Fliegen ist ein geringes Gewicht. Daher sind Vögel leichter als vergleichbar große Säugetiere. Ein Igel wiegt z. B. das Doppelte bis 3-Fache einer Taube. Sie besitzt im Gegensatz zum Igel dünnwandige und hohle Knochen. Diese leichten Knochen werden durch Verstrebungen verstärkt und haben eine hohe Festigkeit. Auch das Kopfskelett ist besonders leicht. Der zahnlose Schnabel besteht aus leichtem Horn.
Die Lunge der Tauben unterscheidet sich von den Lungen anderer Wirbeltiere durch die Luftsäcke. Diese liegen zwischen inneren Organen und Muskeln und reichen sogar in hohle Knochen. Mit den Luftsäcken können Vögel sehr viel Atemluft speichern. Der große Atemluftvorrat macht es möglich, den erhöhten Sauerstoffbedarf beim Fliegen zu decken. Der Sauerstoff aus der Atemluft gelangt von der Lunge über die Blutgefäße zu den Flugmuskeln und Organen.

Ernährungsweise. Die Taube nimmt viel Nahrung auf, denn der Energiebedarf beim Fliegen ist sehr hoch. Die große Nahrungsmenge dient auch dazu, eine konstante Körpertemperatur aufrechtzuerhalten.
Vögel gehören zu den gleichwarmen Tieren. Vögel verdauen schnell und halten dadurch ihr Körpergewicht niedrig. Sie besitzen keine Harnblase, die das Körpergewicht erhöhen würde. Ihren Harn scheiden sie zusammen mit dem Kot aus.

(Quelle: A. Brennecke/H. Küster/K.-W. Leienbach/M. Post: Biosphäre 5/6. Gymnasium Nordrhein-Westfalen. Cornelsen, 2013. S. 26–27.)

Wie ist der Maulwurf an seinen Lebensraum angepasst?

Meistens stammen alle Maulwurfshaufen auf einer Fläche von einem einzigen Tier. Die Haufen bestehen aus lockerer Erde, die ein Maulwurf beim Graben seines Baus an die Erdoberfläche befördert hat. Maulwürfe leben den größten Teil des Jahres als Einzelgänger. Sie verbringen fast ihr ganzes Leben unter der Erde und sind auch im Winter aktiv.

Weil die Gänge eines Maulwurfsbaus häufig durch das Wurzelwerk der Pflanzen führen, vermuten viele Menschen noch immer, dass Maulwürfe schädlich sind. [Aber das stimmt nicht:] Maulwürfe lockern den Boden, [sodass Wasser besser eindringen kann und sich die Wurzeln besser verteilen können.

Der Maulwurf ist optimal an das Leben unter der Erde angepasst: Er sieht zwar sehr schlecht, dafür sind sein Gehör, vor allem aber] sein Geruchs- und Tastsinn sehr leistungsfähig. [Die lange Rüsselnase ist dabei durch einen festen Knorpel geschützt. Die Ohren sind gut geschützt, da sie unter dem Fell liegen und zusätzlich verschließbar sind. So gelangt keine Erde hinein.] Wenn man über den samtigen Pelz des Maulwurfs streicht, stellt man fest, dass es sehr weich ist und keinen Strich hat. Das heißt, dass sich die Haare in alle Richtungen leicht umlegen lassen. Dadurch kann der Maulwurf in den engen Erdgängen sich gut vorwärts und rückwärts bewegen und sein Fell bleibt immer sauber. Die kräftigen Vorderbeine sind kurz und besitzen starke Knochen. Die Hände des Maulwurfs sind sehr breit mit kräftigen Krallen. Sie ähneln einer Baggerschaufel. Damit kann der Maulwurf viel Kraft entwickeln und gut graben. In geeigneten Böden legt er in einer Nacht Gänge mit bis zu 100 m Länge an.

(Quelle: R. Hausfeld/W. Schulenberg [Hg.]: BIOskop. Gymnasium Nordrhein-Westfalen 5/6. Westermann, 2010. S. 16.)

13 Evolution | **Angepasstheiten von Tieren an ihren Lebensraum** | Materialblatt

Wie ist der Fisch an seinen Lebensraum angepasst?

Fische sind sowohl in Meeren (Salzwasser) als auch in Seen und Fließgewässern (Süßwasser) zu finden. Je nach Fisch leben sie in verschiedenen Tiefen, was auch mit ihrer Nahrung sowie ihrer Angepasstheit an den Lebensraum zusammenhängt, z. B. mit der Dunkelheit in großer Tiefe.

Viele Fische haben einen schlanken, an beiden Enden zugespitzten Körperbau. Eine solche Form nennt man Stromlinienform. Dadurch haben sie einen geringeren Wasserwiderstand und können so schneller und gewandter schwimmen. Der Körper ist mit zahlreichen Knochenplättchen, den Schuppen, bedeckt, die dachziegelartig übereinanderliegen. Darüber liegt noch eine Schleimschicht, die die Oberfläche glitschig macht und ebenso den Wasserwiderstand verringert. Aus dem Schuppenkleid ragen die Flossen heraus. Auch sie liegen eng am Körper und dienen der Fortbewegung. Die Brust- und Bauchflossen sind vor allem für die Steuerung wichtig und mit der kräftigen Schwanzflosse bekommt der Fisch Vortrieb. Rücken- und Afterflosse sind fast unbeweglich und dienen dazu, dass die Fische aufrecht im Wasser liegen bleiben und nicht seitlich umkippen.

Wichtig ist zudem die Schwimmblase. Dies ist eine gasgefüllte, ballonartige Struktur im Inneren des Fisches. Durch das Ablassen und Hinzufügen von Gas können die Fische in höhere oder tiefere Wasserregionen gelangen.

Da die Fische unter Wasser leben, filtern sie den lebensnotwendigen Sauerstoff aus dem Wasser. Das Wasser strömt dabei durch das Maul und an den Kiemen vorbei, wo der Sauerstoff in das Blut aufgenommen werden kann.

52 | 30 x 45 Minuten | **Biologie** | © Verlag an der Ruhr | Autorin: Julia Dankbar | ISBN 978-3-8346-2927-2 | www.verlagruhr.de

Humanbiologie

Gasaustausch in den Lungenbläschen

Darum geht's

In dieser Stunde erarbeiten die Schüler ausgehend von einer Darstellung eines Lungenbläschens Ablauf und Funktion des Gasaustausches. Anhand von Textkästchen zum Ausschneiden vollziehen sie das Prinzip nach und erläutern abschließend, wann sauerstoffreiches oder kohlenstoffdioxidreiches Blut vorliegt. Ein Lückentext dient der Vertiefung des Gelernten.

Klassenstufe

5–6

Kompetenzerwartungen

Die Schüler können …

- biologische Sachverhalte, wie den Gasaustausch, unter Verwendung der Fachsprache beschreiben.
- Erarbeitungsergebnisse zur Erklärung von schematischen Abbildungen nutzen.
- biologische Sachverhalte in einen größeren Bedeutungszusammenhang einordnen (Atmung, Atemmechanik, Gasaustausch, Bedeutung des Gasaustausches).

Material

- Modell eines Lungenbläschens (soweit vorhanden) oder Abbildung eines Lungenbläschens (siehe Folienvorlage „Schemazeichnung – Gasaustausch am Lungenbläschen", S. 56)
- 1 leere Folie
- je 1 schwarzen, roten und blauen Folienstift
- Arbeitsblatt „Der Gasaustausch" (S. 57)
- Arbeitsblatt „Der Gasaustausch" als Folienabschnitte (S. 57)
- Arbeitsblatt „Wie Menschen atmen" (S. 58)
- 1 Bogen weißes Papier, Schere, Kleber, roter und blauer Stift (in Klassenstärke)
- Overheadprojektor

Vorkenntnisse

Den Schülern sollten das Kreislaufsystem, die Zusammensetzung der Atemluft sowie Bau und Funktion der Atmungsorgane bekannt sein. Begriffe wie Blutplasma, Kapillare, Sauerstoff, Kohlenstoffdioxid und Zellen als Grundbaustein der Lebewesen werden hier vorausgesetzt.

Vorbereitung

Kopieren Sie die beiden Arbeitsblätter (S. 57/58) jeweils im Klassensatz. Ziehen Sie außerdem das Arbeitsblatt „Der Gasaustausch" (S. 57) einmal auf Folie und schneiden Sie die Textkästchen aus. Halten Sie eine weitere leere Folie als Unterlage bereit.

Stundenverlauf

Einstieg

ca. 5 Minuten

Präsentieren Sie ein Modell eines Lungenbläschens mit den dieses umgebenden Blutkapillaren. Alternativ bietet die Folie mit der Abbildung (S. 56) eine Zugangsmöglichkeit. Fordern Sie die Schüler auf, zunächst das Modell oder die Abbildung zu beschreiben und in den Kontext einzuordnen. Fokussieren Sie dabei insbesondere auf den Austausch der Atemgase in bzw. aus der Blutbahn. Die Schüler formulieren die Stundenfrage, z. B. „Wie gelangt Sauerstoff ins Blut und Kohlenstoffdioxid aus dem Blut?" Benennen Sie dies als „Gasaustausch" und leiten Sie über zum Erarbeitungsprozess, um diesen zu erklären.

Erarbeitung

ca. 20 Minuten

Die Schüler schneiden die Textkästchen des Arbeitsblattes „Der Gasaustausch" (S. 57) aus und legen sie in einem Kreis auf ein Blatt Papier. Für schwächere Lerngruppen kann zur Veranschaulichung ein grobes Schema an die Tafel gezeichnet werden. Damit kann man auch die Position des ersten Textkästchens markieren, um eine gemeinsame Grundlage für die Präsentation und den Abgleich mit den eigenen Lösungen zu haben.

Präsentation und Sicherung

ca. 10 Minuten

Zunächst vergleichen die Schüler ihre Ergebnisse mit dem Sitznachbarn, diskutieren eventuelle Unterschiede und korrigieren ggf. ihre Lösung. Anschließend werden die Ergebnisse gemeinsam am OHP verglichen. Die leere Folie dient als Unterlage, um die Pfeile aufzuzeichnen. Je ein Schüler legt ein Folien-Textkästchen in der richtigen Reihenfolge darauf und ergänzt den Pfeil. Die übrigen Schüler kontrollieren und korrigieren ggf. ihre Lösung, indem sie sie mit der Folie vergleichen. Anschließend kleben sie ihre Textkästchen auf ihr Blatt, sodass jeder Schüler eine vollständige Lösung hat. Die Schüler erläutern anhand der Teilschritte (Textkästchen), wann das Verhältnis der Atemgase sauerstoffreich/kohlenstoffdioxidarm bzw. sauerstoffarm/kohlenstoffdioxidreich ist, und markieren dieses auf der Folie und in ihrem eigenen Schema entsprechend farbig (rot für sauerstoffreiches Blut, blau für kohlenstoffdioxidreiches Blut). Abschließend wird erneut das Modell bzw. die Folie des Einstiegs präsentiert („Schemazeichnung – Gasaustausch am Lungenbläschen", S. 56). Anhand dessen erklären die Schüler mündlich noch einmal zusammenhängend den Gasaustausch.

Vertiefung

ca. 10 Minuten

Vertiefend und als Abschluss des Themas „Atmung" eignet sich der Einsatz des Lückentextes auf dem Arbeitsblatt „Wie Menschen atmen" (S. 58), der ohne Wortspeicher zu bearbeiten ist. Die Vertiefung kann auch in die Hausaufgabe verlegt werden.

Tipps/Variationen/Anschlussmöglichkeiten

- Für schwächere Schüler können ggf. Hilfekarten zur Begriffserklärung hinzugezogen werden.
- Ein schnelles 2er-Team während der Vergleichsphase kann bereits mit der Anordnung der Folienabschnitte auf dem (ausgeschalteten) OHP beginnen. Die anderen Schüler sollen dann diese Anordnung erläutern und mögliche Fehler und Unklarheiten benennen.
- Der Lückentext kann für schwächere Schüler um einen Wortspeicher ergänzt werden.
- Vertiefend können die Schüler selbstständig ein Modell zu Lungenbläschen entwickeln, möglich ist z. B., dass rote und blaue Fäden um einen Ballon geklebt werden.

Schemazeichnung – Gasaustausch am Lungenbläschen

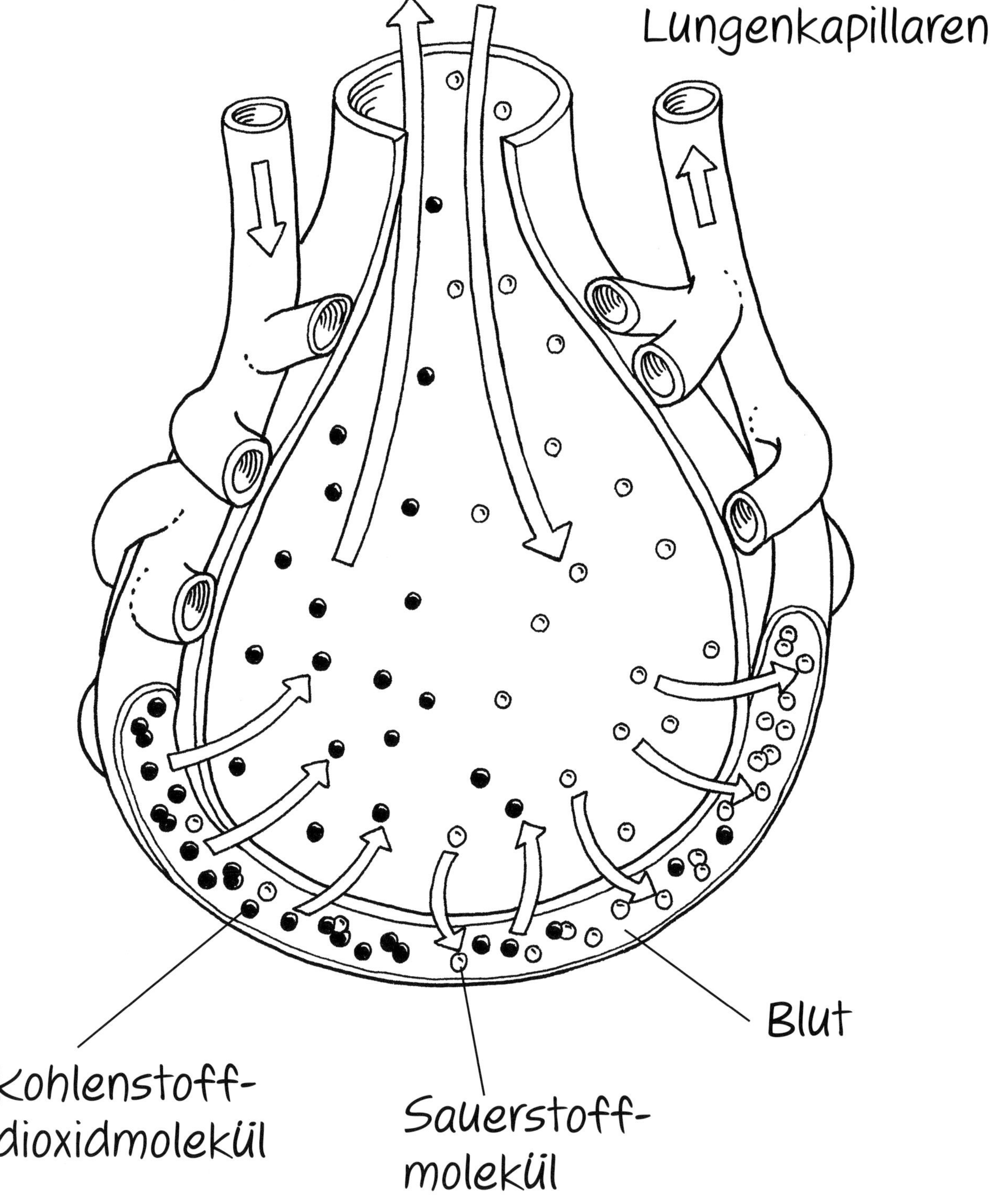

Der Gasaustausch

Das Blutplasma nimmt das Kohlenstoffdioxid auf.	Die roten Blutkörperchen nehmen den Sauerstoff auf.	Das Kohlenstoffdioxid gelangt von den Körperzellen über die Körperkapillaren ins Blut.
Das Kohlenstoffdioxid wird ausgeatmet.	Der Sauerstoff gelangt vom Blut über die Kör-perkapillaren in die Körperzellen.	Die Atemluft wird über die Luftröhre in die beiden Lungenflügel und von dort bis in die Lun-genbläschen weitergeleitet.
Der Sauerstoff gelangt von den Lungenbläschen über die Blutkapillaren ins Blut.	Das Kohlenstoffdioxid gelangt vom Blut über die Lungenkapillaren in die Lungenbläschen.	Der Sauerstoff wird über das Blut zu den Körpergeweben, z. B. zu den Muskeln, transportiert.
Das Kohlenstoffdioxid wird über das Blut zur Lunge transportiert.	Die Atemluft mit Sauer-stoff wird über die Nase und den Mund eingeat-met.	

Aufgaben

1. **Schneide die einzelnen Kästchen aus und bringe sie in die richtige Reihenfolge.**
2. **Nummeriere sie dafür dünn mit Bleistift und lege sie in einem Kreis auf ein Blatt Papier.**
3. **Verbinde die Kästchen mit Pfeilen, um die Reihenfolge anzuzeigen.**
4. **Nach der Präsentation kannst du deine Reihenfolge noch einmal kontrollieren. Erst danach werden die Kärtchen aufgeklebt.**

Wie Menschen atmen

Beim Einatmen gelangt die sauerstoffreiche Luft über die Nase und den Mund in die .... Diese spaltet sich in zwei große Äste, die ...., auf. Dadurch strömt die Luft in die .... Lungenflügel. Innerhalb der Lungenflügel verzweigen sich die Äste in Bronchien und in immer feinere Röhren. Am Ende dieser Röhren befinden sich die ...., die eine .... Gestalt haben und sich zu einer Art Traube zusammenlagern. Die Funktion dieser Bläschen ist der lebensnotwendige Gasaustausch. Hierbei gelangt zunächst der .... aus der Atemluft über die feinen ...., die jedes einzelne Lungenbläschen wie ein Netz umspannen, in das Blut. Das Blut, beziehungsweise genauer die .... Blutkörperchen, transportieren den Sauerstoff (chemisches Zeichen: ....) zum Körpergewebe. Dort wird er von den Körperzellen aufgenommen und beispielsweise für Bewegungen genutzt.

Dabei entsteht unter anderem .... Dies ist ein Abfallprodukt des Körpers und muss aus dem Körper entfernt werden. Das .... nimmt das Gas auf und befördert es über die Venen zurück zur .... Dort gelangt das Kohlenstoffdioxid (chemisches Zeichen: ....) über die dünnwandigen Lungenkapillaren in die .... und kann ausgeatmet werden. Die immer feineren Röhren und die große Anzahl an Lungenbläschen haben einen entscheidenden Vorteil für den Gasaustausch: Viele kleine Bläschen haben im Vergleich zu wenigen großen Bläschen insgesamt eine viel .... Das hat zur Folge, dass sich viel mehr der dünnen Blutgefäße, der Kapillaren, um die Lungenbläschen legen können. Dadurch kann mehr .... aufgenommen und mehr Kohlenstoffdioxid .... werden, sodass der Gasaustausch .... und wirkungsvoller erfolgen kann.

Aufgabe

Ergänze die fehlenden Wörter in dem Lückentext.

Wie wird ein Brötchen verdaut?

Darum geht's

Um den Sinn und Zweck der Nahrungsaufnahme, -verarbeitung und -verwertung zu erfassen, ist die Betrachtung der Sachzusammenhänge auf Systemebene erforderlich. Nachdem grundlegende Kenntnisse erarbeitet wurden, erhalten die Schüler durch die Erarbeitung und Darstellung eines selbst entworfenen Modells Gelegenheit, sich das Zusammenwirken einzelner Komponenten zu veranschaulichen.

Klassenstufe

5–8

Kompetenzerwartungen:

Die Schüler können ...

- die Funktionsweise des Verdauungssystems und das Zusammenwirken innerer Organe bei der Verarbeitung von Nährstoffen beschreiben und darstellen.
- das in Kleingruppen erarbeitete Wissen bündeln und zu einem Ganzen zusammenfügen.

Material

- Arbeitsblatt „Bau des Verdauungstraktes" (S. 61)
- Arbeitsblatt „Verdauung von Nährstoffen" (S. 62)
- Arbeitsblatt „Transport und Verwendung von Nährstoffen" (S. 63)
- 3–4 lange Seile (Sport), ggf. in mehreren Farben
- Papier oder Tonkarton in unterschiedlichen Farben
- Fasermaler
- freie Fläche (z. B. Außengelände oder Pausenhalle)
- ggf. Fotoapparat oder Videokamera

Vorbereitung

Schneiden Sie den Tonkarton in gleich große Teile. Kopieren Sie die Arbeitsblätter (S. 61–63) je zu $^{1}/_{3}$ der Klassenstärke.

Vorkenntnisse

Die Schüler sollten Vorkenntnisse über die Zusammensetzung der Ernährung besitzen. Diese beziehen sich v. a. auf die Nährstoffe (Kohlenhydrate, Fette und Eiweiße) sowie die Differenzierung zwischen Baustoffen (Eiweiße) und Betriebsstoffen (Kohlenhydrate und Fette). Der Transport verschiedener Stoffe über den Blutkreislauf als Vorwissen kann den Stundenverlauf unterstützen.

Stundenverlauf

Einstieg

ca. 5 Minuten

Fordern Sie die Schüler zu Beginn der Stunde auf, zentrale Ergebnisse der bisherigen Unterrichtsreihe zu bündeln („Was wisst ihr bereits über Verdauung?"). Stellen Sie heraus, dass zwar die einzelnen Aspekte genauer betrachtet wurden, aber das Zusammenwirken im Folgenden im Fokus stehen wird. Die zentrale Frage lautet: „Wie wird mein Frühstücksbrötchen verdaut?" Erklären Sie den Schülern, dass zum Abschluss der Stunde alle drei Gruppenergebnisse in einer Präsentation zusammengefügt werden.

Erarbeitung

ca. 15 Minuten

Organisieren Sie die Erarbeitungsphase, indem Sie die Klasse in drei Gruppen einteilen. Jede Gruppe erhält ein anderes Arbeitsblatt (S. 61–63) . Die Gruppen bereiten arbeitsteilig ihr Thema vor. Dabei sollen sie auch eine grobe Präsentation einstudieren und Begriffskarten zur Wiedererkennung während der Gesamtpräsentation herstellen. Pro Gruppe sollte ein Sprecher, der die Vorgänge erläutert und anleitet, bestimmt werden.

Präsentation und Sicherung

ca. 20 Minuten

Zunächst erläutert Gruppe 1 (Bau des Verdauungstraktes) die Oberflächenvergrößerung des Darms und die Bestandteile des Verdauungssystems. Hilfreich können hier z. B. Begriffskarten zur Beschriftung sein. Parallel dazu wird das Verdauungssystem aus Seilen auf dem Boden geformt. Anschließend spielt Gruppe 2 (Verdauung von Nährstoffen) die einzelnen Verdauungsschritte nach, indem z. B. ein Schüler für das belegte Brötchen steht, das sich dann durch die Verdauung in die Nährstoffe (drei weitere Schüler) aufspaltet. Zum Abschluss beschreibt Gruppe 3, was mit den einzelnen Nährstoffen nach der Verdauung geschieht, und ergänzt mit den verbliebenen Seilen ein angedeutetes Blutsystem, das zu den Organen und Muskeln führt. Die Präsentation kann zur späteren Sichtung und Reflexion in Form von Fotos oder anhand eines Videos aufgezeichnet werden.

Reflexion

ca. 5 Minuten

Die Schüler erläutern zusammenhängend die beteiligten Systeme der Nahrungsaufnahme und die Bedeutung von Ernährung. Anhand der Aufzeichnungen kann reflektiert werden, inwiefern es sich hier um eine zielführende, übersichtliche und geeignete Methode handelt, dieses Thema zu veranschaulichen.

Tipps/Variationen/Anschlussmöglichkeiten

- Eine Einteilung in sechs Gruppen kann bei großen Klassen sinnvoll sein, um ein effektives Arbeiten der Gruppen zu ermöglichen. In diesem Fall sollte jedes Thema doppelt vergeben werden, was den einzelnen Gruppen eine Rückversicherung ermöglicht.

Bau des Verdauungstraktes

Der Verdauungstrakt beginnt bereits im **Mund**, da hier durch die Zähne die Nahrung zerkleinert und durch den **Speichel** die Nahrung gleitfähig gemacht wird. Anschließend gelangt der Nahrungsbrei in die **Speiseröhre**. Bei diesem Schluckvorgang legt sich der Kehldeckel auf die Luftröhre, um zu verhindern, dass etwas in die Bronchien gelangt.
Durch die etwa 25 Zentimeter lange Speiseröhre wird die Nahrung in kleinen Portionen in den **Magen** befördert. Der Magen ist ein etwa 1,5 Liter fassendes, dehnbares Organ und enthält wichtige Verdauungsenzyme.
Je nach Nahrung bleibt diese zwischen einer und fünf Stunden im Magen. Der **Pförtner**, ein Muskel, der sich nur kurz zum Dünndarm öffnet, reguliert die Weiterleitung des Nahrungsbreis in den Dünndarm.

Die Innenwand des **Dünndarms** ist stark gefaltet. Kleine, dichte Ausstülpungen ragen in das Innere des Dünndarms, die **Darmzotten**. Diese vergrößern die Oberfläche um ein Vielfaches und erleichtern die Aufnahme der Nährstoffe ins Blut.
Alle Bestandteile der Nahrung, die nicht verdaulich sind, werden in den **Dickdarm** weitergeleitet. Er ist circa 1,5 Meter lang und bewahrt die Nahrungsreste für bis zu 70 Stunden auf. Über den **Enddarm** und den **After** werden diese Reste ausgeschieden.

Aufgaben

1. **Lies den Text aufmerksam und besprich anschließend mit deinen Gruppenmitgliedern wichtige Informationen.**
2. **Bereitet mithilfe der zur Verfügung gestellten Materialien eine Präsentation zum Aufbau des Verdauungstraktes als Modell vor:**
   a) **Jeder von euch übernimmt eine Rolle (ein Verdauungsorgan) und kennzeichnet diese mit beschrifteten Karten.**
   b) **Einer aus eurer Gruppe erläutert während der Präsentation die genauen Abläufe.**

Wichtig: Im Anschluss werden alle drei Gruppenergebnisse in einer Präsentation zusammengefügt.

Verdauung von Nährstoffen

Während Stoffe wie Vitamine und Mineralsalze direkt ins Blut aufgenommen werden können, müssen die wichtigen Nährstoffe (Kohlenhydrate, Fette und Eiweiße) zuerst in verschiedenen Schritten in ihre Bestandteile zerlegt (= verdaut) werden, damit sie an die Stellen, an denen sie benötigt werden, transportiert werden können.
Kohlenhydrate werden bereits beim Kauen und mithilfe des **Speichels**, der wichtige Verdauungsenzyme enthält, in kleinere Stärkebausteine zerlegt. Erst im **Dünndarm** werden diese Bausteine noch weiter in sogenannte Einfachzucker zerlegt, die dann über die Dünndarmwand in den Körper aufgenommen werden können. Wichtig für diese Zerlegung ist der **Verdauungssaft** der **Bauchspeicheldrüse**, der in den Dünndarm abgegeben wird.
Eiweiße bleiben in Mund und Speiseröhre zunächst unverdaut. Im **Magen** werden durch die starke **Magensäure** eiweißspaltende Verdauungsenzyme produziert. Das heißt, Proteine werden hier also in kürzere Einheiten getrennt. Im Dünndarm dient der **Bauchspeichel** dazu, dass die Eiweiße noch weiter zerlegt werden und so über die **Dünndarmwand** ins Blut übertragen werden können.
Fette gelten als schwer verdaulich, wohl auch, weil ihre Zerlegung in einzelne, winzig kleine Fetttropfen erst im **Dünndarm** beginnen kann. Der **Gallensaft** stellt hierbei die wichtigste Verdauungsflüssigkeit dar. Sie wird in der **Gallenblase** produziert und in den Dünndarm geleitet. Über die Wand werden die einzelnen Fettteilchen in den Körperkreislauf überführt.

Aufgaben

1. **Lies den Text aufmerksam und besprich anschließend mit deinen Gruppenmitgliedern wichtige Informationen.**
2. **Bereitet mithilfe der zur Verfügung gestellten Materialien eine Präsentation über die einzelnen Verdauungsschritte als Modell vor:**
   a) **Jeder von euch übernimmt eine Rolle (Brötchen, Kohlenhydrate, Eiweiße, Fette) und kennzeichnet diese mit beschrifteten Karten.**
   b) **Einer aus eurer Gruppe erläutert während der Präsentation die genauen Abläufe.**

Wichtig: Im Anschluss werden alle drei Gruppenergebnisse in einer Präsentation zusammengefügt.

Transport und Verwendung von Nährstoffen

Alle wichtigen Nährstoffe werden über die **Dünndarmwand** in den Körper aufgenommen. Die Innenwand ist stark gewunden und bildet Ausstülpungen, die sogenannten **Darmzotten**. Damit wird die Oberfläche stark vergrößert, sodass auch die Kontaktfläche zwischen Dünndarm und Blutgefäßen im Vergleich zu einer flachen Wand vielfach höher ist.

Bevor die Nährstoffe ins Blut gelangen, werden sie durch zahlreiche Schritte in winzig kleine Teilchen zerlegt. Diese sind so klein, dass sie durch die Dünndarmwand und die Blutgefäßwand hindurchkönnen, sodass sowohl Zucker (Abbauprodukt von Stärke/ Kohlenhydraten), Eiweißteilchen und Fettteilchen ins Blut gelangen können. Das Blut gelangt über das Kreislaufsystem in jeden Bereich unseres Körpers, doch werden die abgebauten Nährstoffe an unterschiedlichen Stellen gebraucht.

Zucker ist wie **Fett** ein **Betriebsstoff** und dient dazu, dass alle Organe gut arbeiten können. Sie enthalten die Energie, die für die Arbeit von z. B. Leber und Gehirn benötigt werden. Auch Muskeln benötigen für jede Bewegung Energie und sind somit darauf angewiesen, dass über das Blut Zucker und Fett zu ihnen transportiert wird.

Für den Bewegungsapparat, aber auch während des Wachstums anderer Organe, sind besonders **Eiweiße** wichtig. Sie dienen als **Baustoffe** dafür, dass weitere Muskelzellen aufgebaut werden können.

Die im Blut befindlichen Bau- und Betriebsstoffe treten über die Blutgefäßwand in die entsprechenden Organe über. Gleichzeitig entstehen hier durch die Verwendung der Bau- und Betriebsstoffe auch **Abfallprodukte**, die wiederum ins Blut zurückgegeben werden. Diese müssen über die **Leber** und die **Nieren** aus dem Körper transportiert werden.

◎ Aufgaben

1. **Lies den Text aufmerksam und besprich anschließend mit deinen Gruppenmitgliedern wichtige Informationen.**
2. **Bereitet mithilfe der zur Verfügung gestellten Materialien eine Präsentation über den Transport und die Verwendung der einzelnen Nahrungsbestandteile als Modell vor:**
   a) **Jeder von euch übernimmt eine Rolle (Zucker, Eiweißteilchen, Fettteilchen) und kennzeichnet diese mit beschrifteten Karten.**
   b) **Einer aus eurer Gruppe erläutert während der Präsentation die genauen Abläufe.**

Wichtig: Im Anschluss werden alle drei Gruppenergebnisse in einer Präsentation zusammengefügt.

Nachweis und Bedeutung von Vitamin C

Darum geht's

Nur weil auf einer Flasche „Zitronenlimonade" steht, muss noch lange keine Zitrone und damit Vitamin C darin enthalten sein. Schüler lernen in dieser Stunde mithilfe einfacher Nachweisversuche die Bestimmung von Vitamin C und üben das naturwissenschaftlich-praktische Arbeiten ein.

Klassenstufe

5–6

Kompetenzerwartungen

Die Schüler können …

- einfache naturwissenschaftliche Versuche durchführen und diese protokollieren.
- eigenverantwortlich Hilfen und Musterlösungen in Anspruch nehmen und diese in ihren weiteren Arbeitsprozess einbeziehen.
- innerhalb der Gruppe adressatengerecht und (fach)sprachlich korrekt miteinander kommunizieren, um zielorientiert zu arbeiten.

Material

- Folienvorlage „Streitgespräch auf dem Wochenmarkt" (S. 66)
- für den Versuch (pro Gruppe): 5 Bechergläser, 1 Folienstift für die Beschriftung der Gläser, 1 Tropfflasche mit Lugol'scher Lösung, Wasser, mit Vitamin-C-Pulver versetztes Wasser, Zitronensaft, Zitronenlimonade, Fruchtbuttermilch (Zitrone)
- Experimentierblatt „Versuchsprotokoll" (S. 67/68)
- Lösungsblatt „Musterlösung für Versuch 1" (S. 66)
- evtl. Blankofolie
- Overheadprojektor

Vorkenntnisse

Die Schüler sollten geübt darin sein, praktisch zu arbeiten. In diesem Themenbereich kann dies z. B. über Nährstoffnachweise erfolgen. Eine Klärung der naturwissenschaftlichen Arbeitsweise des Beobachtens und Durchführens von Versuchen sowie der entsprechenden Verhaltensweisen im Vorfeld ist sinnvoll.

Vorbereitung

Ziehen Sie den oberen Teil der Folienvorlage „Streitgespräch auf dem Wochenmarkt" (S. 66) einmal auf Folie. Kopieren Sie zudem den unteren Teil (Lösungsblatt S. 66) 5-mal auf Papier. Die Musterlösung wird während der Durchführung des Versuchs 1 auf das Pult gelegt.
Kopieren Sie das Experimentierblatt (S. 67/68) auf Vorder- und Rückseite eines Blattes in Klassenstärke.

Stundenverlauf

Einstieg

ca. 8 Minuten

Präsentieren Sie auf einer Folie das Streitgespräch zwischen Markus und seiner Mutter (S. 66). Dieses wird von zwei Schülern in verteilten Rollen vorgelesen. Die Schüler geben den Inhalt des Gesprächs in eigenen Worten wieder und formulieren die Stundenfrage, z. B. „Welche Nahrungsmittel sollte Markus auswählen, um Vitamin C zu sich zu nehmen?" oder „Welche Nahrungsmittel enthalten Vitamin C?" Die Lerngruppe sammelt Vermutungen, die sich auf die Inhalte des Streitgesprächs beziehen, und nennt Möglichkeiten, diese Stundenfrage zu beantworten. Eventuell ist hier eine Lenkung notwendig. Informieren Sie die Lerngruppe über das weitere Vorgehen und klären Sie die Aufgabenstellungen.

Erarbeitung

ca. 25 Minuten

Die Schüler organisieren sich in 4er-Gruppen, holen das notwendige Material und ergänzen die Stundenfrage und ihre Vermutungen auf dem Versuchsprotokoll. Sie führen den Versuch zum Vitamin-C-Nachweis nach der Anleitung durch und protokollieren ihre Beobachtungen und Deutungen auf dem Experimentierblatt (S. 67). Nach dem ersten Versuchsteil wird das Ergebnis mit der Musterlösung verglichen (S. 66) und das eigene Ergebnis kritisch überprüft. Nach Abschluss des Versuchs räumen die Schüler die verwendeten Materialien auf und spülen sie ab.

Präsentation und Sicherung

ca. 10 Minuten

Skizzieren Sie an der Tafel oder auf einer leeren Folie den Auszug aus dem Versuchsprotokoll (Beobachtung und Deutung von Versuch 2, S. 68). Die Schüler nennen ihre Beobachtungen zu den Ansätzen, die an der Tafel oder auf der Folie notiert werden. Formulieren Sie gemeinsam mit ihren Schülern eine Antwort auf die Stundenfrage, die im Versuchsprotokoll ergänzt wird, und überprüfen Sie die Vermutungen. Je nach Ergebnissen kann eine Fehlerdiskussion notwendig sein.

Tipps/Variationen/Anschlussmöglichkeiten

- Für geübte Schüler kann das Versuchsprotokoll reduziert werden.
- Je nach Leistungsfähigkeit der Schüler kann eine gezielte Gruppeneinteilung durch die Lehrkraft und/oder eine gruppenorganisatorische Zuweisung erfolgen (Materialwächter, Zeitwächter etc.).
- Die Ansätze können in Experimentierkästen für die Kleingruppen bereits vorbereitet werden.
- Nachdem der Nachweis von Vitamin C in der Stunde geklärt wurde, bietet sich auch mit Bezug auf den Einstieg die Erarbeitung der Bedeutung von Vitamin C an.

Streitgespräch auf dem Wochenmarkt

◎ Samstags beim Einkaufen …

Mutter:
„Schau mal, Markus, der Obst- und Gemüsestand dort drüben hat eine ganze Menge leckerer Sachen. Da sollten wir auch noch etwas einkaufen. Außerdem enthalten die Früchte viel Vitamin C. Das ist wichtig für dich! Ich werde mal ein paar Zitronen kaufen, dann können wir eine Heiße Zitrone machen."

Markus:
„Obst schmeckt mir überhaupt nicht – ich werde das ganz bestimmt nicht essen!"

Mutter:
„Aber irgendwoher musst du doch deine Vitamine bekommen. Probiere doch erst einmal."

Markus:
„Nein, ich mag nicht. Ich kaufe mir gleich lieber eine Flasche Sprite oder Fruchtbuttermilch. Die schmecken auch nach Zitrone und dann ist da ja wohl auch Vitamin C drin. Außerdem ist das alles viel leckerer."

Musterlösung für Versuch 1

Beobachtung

Ansatz	Flüssigkeit	Beobachtung
1	Wasser und Lugol'sche Lösung	Es ist eine rötliche bis bräunliche Verfärbung zu erkennen.
2	Wasser mit Vitamin C und Lugol'sche Lösung	Es ist eine rötliche bis bräunliche Verfärbung zu erkennen. Nach einer kurzen Zeit löst sich diese wieder auf, sodass die Lösung genauso wie zuvor aussieht.

Deutung
Ist Vitamin C in einer Flüssigkeit beziehungsweise in einem Nahrungsmittel enthalten, verschwindet die bräunliche Färbung nach kurzer Zeit (= Entfärbung). Die bräunliche Färbung bleibt bestehen, wenn kein Vitamin C enthalten ist.

Versuchsprotokoll (1/2)

Name: ....

Datum: ....

Problemfrage:

....

Vermutungen:
Stelle Vermutungen zur Beantwortung der Problemfrage an. Notiere diese in der Tabelle.

Getränk	enthält Vitamin C	enthält kein Vitamin C
Zitronensaft		
Zitronenlimonade		
Fruchtbuttermilch (Zitrone)		

Material für Versuchsdurchführung:

- 5 Bechergläser
- 1 Tropfflasche mit Lugol'scher Lösung
- zu untersuchende Flüssigkeiten bzw. Getränke: Wasser, mit Vitamin C versetztes Wasser, Zitronensaft, Zitronenlimonade, Fruchtbuttermilch (Zitrone)

Versuch 1

Durchführung:

- Gebt mithilfe der Tropfflasche **3 Tropfen** Lugol'sche Lösung in das Becherglas mit Wasser. Wartet einen kurzen Moment und schwenkt es anschließend vorsichtig, um die Lösung zu mischen. Beobachtet genau, was passiert und notiert dies.
- Verfahrt ebenso mit dem mit Vitamin C versetzten Wasser.

Beobachtung:

Ansatz	Flüssigkeit/Nahrungsmittel	Beobachtung
1	Wasser und Lugol'sche Lösung	
2	Wasser mit Vitamin C und Lugol'sche Lösung	

Deutung:

....

....

Versuchsprotokoll (2/2)

◎ Versuch 2

Hinweis: *Nachdem ihr Versuch 1 durchgeführt sowie Beobachtung und Deutung notiert habt, vergleicht zunächst eure Ergebnisse von Versuch 1 mit der Musterlösung am Pult. Fangt erst dann mit der Durchführung für Versuch 2 an.*

Durchführung

- Testet nun nacheinander die verschiedenen Getränke (Zitronensaft, Zitronenlimonade, Fruchtbuttermilch), indem ihr mithilfe der Tropfflasche **3 Tropfen** Lugol'sche Lösung hineingebt. Wartet einen kurzen Moment und schwenkt anschließend vorsichtig das jeweilige Becherglas, um die Lösungen zu durchmischen.
- Beobachtet genau, was passiert, und notiert dies in der Tabelle.

Beobachtung:

Ansatz	Getränk/Nahrungsmittel	Beobachtung
3	Zitronensaft und Lugol'sche Lösung	
4	Zitronenlimonade und Lugol'sche Lösung	
5	Fruchtbuttermilch und Lugol'sche Lösung	

Deutung:

Notiert eure Deutungen, indem ihr in der Tabelle entsprechende Kreuzchen macht.

Ansatz	Getränk	enthält Vitamin C	enthält kein Vitamin C
3	Zitronensaft		
4	Zitronenlimonade		
5	Fruchtbuttermilch (Zitrone)		

Antwort auf die Problemfrage:
(Wird gemeinsam nach der Besprechung ergänzt!)

....

....

....

Zusammenwirken im menschlichen Körper

Darum geht's

Vielfach werden die einzelnen Organsysteme des Menschen zwar nacheinander unterrichtet. Inwiefern diese einzelnen Systeme sich gegenseitig beeinflussen, lässt sich anhand einer Reflexionsstunde zu dem Thema „Bau und Funktion des menschlichen Körpers" aufzeigen.

Klassenstufe

5–6 (als Wiederholung auch für die Jahrgänge 7–9)

Kompetenzerwartungen

Die Schüler können …

- das Zusammenwirken von Blut, Herz, Kreislauf, Atmung, Bewegung und Ernährung grundlegend beschreiben.
- die Methode der Concept Map anwenden.

Material

- Arbeitsblatt „Zusammenhänge im menschlichen Körper" (S. 70)
- Overheadprojektor

Vorkenntnisse

Die Schüler müssen Kenntnisse zu Bau und Funktion des menschlichen Körpers hinsichtlich Bewegung(sapparat), Atmung, Blut, Herz, Kreislauf und Ernährung haben.

Vorbereitung

Bereiten Sie Karteikarten mit den Begriffen „Herz", „Kreislauf", „Ernährung", „Blut", „Atmung" und „Bewegung" für die Einstiegsphase in Großformat (Tafelmodell) vor. Kopieren Sie das Arbeitsblatt „Zusammenhänge im menschlichen Körper" (S. 70) in Klassenstärke auf DIN-A3-Papier (ggf. den Wortspeicher vorher abschneiden) sowie einmal auf eine Folie.

Stundenverlauf

Einstieg

ca. 10 Minuten

Präsentieren Sie die Arbeitskarten unsortiert an der Tafel und fordern Sie die Schüler auf, sie in eine Reihenfolge oder eine Beziehung zu bringen. Nutzen Sie Äußerungen der Schüler dazu, zur Erarbeitungsphase überzuleiten und ggf. die Methode der Concept Map zu erläutern.

Erarbeitung

ca. 20 Minuten

Die Schüler bearbeiten in Einzelarbeit die Concept Map des Arbeitsblattes „Zusammenhänge im menschlichen Körper" (S. 70). Während dieser Phase kann differenziert werden, indem leistungsschwächere Schüler die Möglichkeit haben, die Begriffe des Wortspeichers „Concept Map" (S. 70) einzusehen, falls sie eine Hilfe benötigen. Schüler, die ihre Concept Map vollständig ergänzt haben, treffen sich mit dem Schüler, der als Nächstes fertig ist (Lerntempoduett). Sie bilden ein Team, um sich über die Ergebnisse auszutauschen.

Präsentation und Sicherung

ca. 10 Minuten

Die Schüler ergänzen die fehlenden Begriffe in der Concept Map auf der Folie des Arbeitsblattes und kontrollieren ihre Lösung. Nun können die Schüler als Abschluss des Themas das Zusammenwirken der einzelnen Bereiche in einem Text zusammenfassen.

Zusammenhänge im menschlichen Körper

Aufgabe

1. Vervollständige die Concept Map, indem du Begriffe oder Aussagen an den Pfeilen oder Kästchen ergänzt.
Tipp: Sollest du eine Hilfe benötigen, kannst du einen Wortspeicher bei deinem Lehrer einsehen.

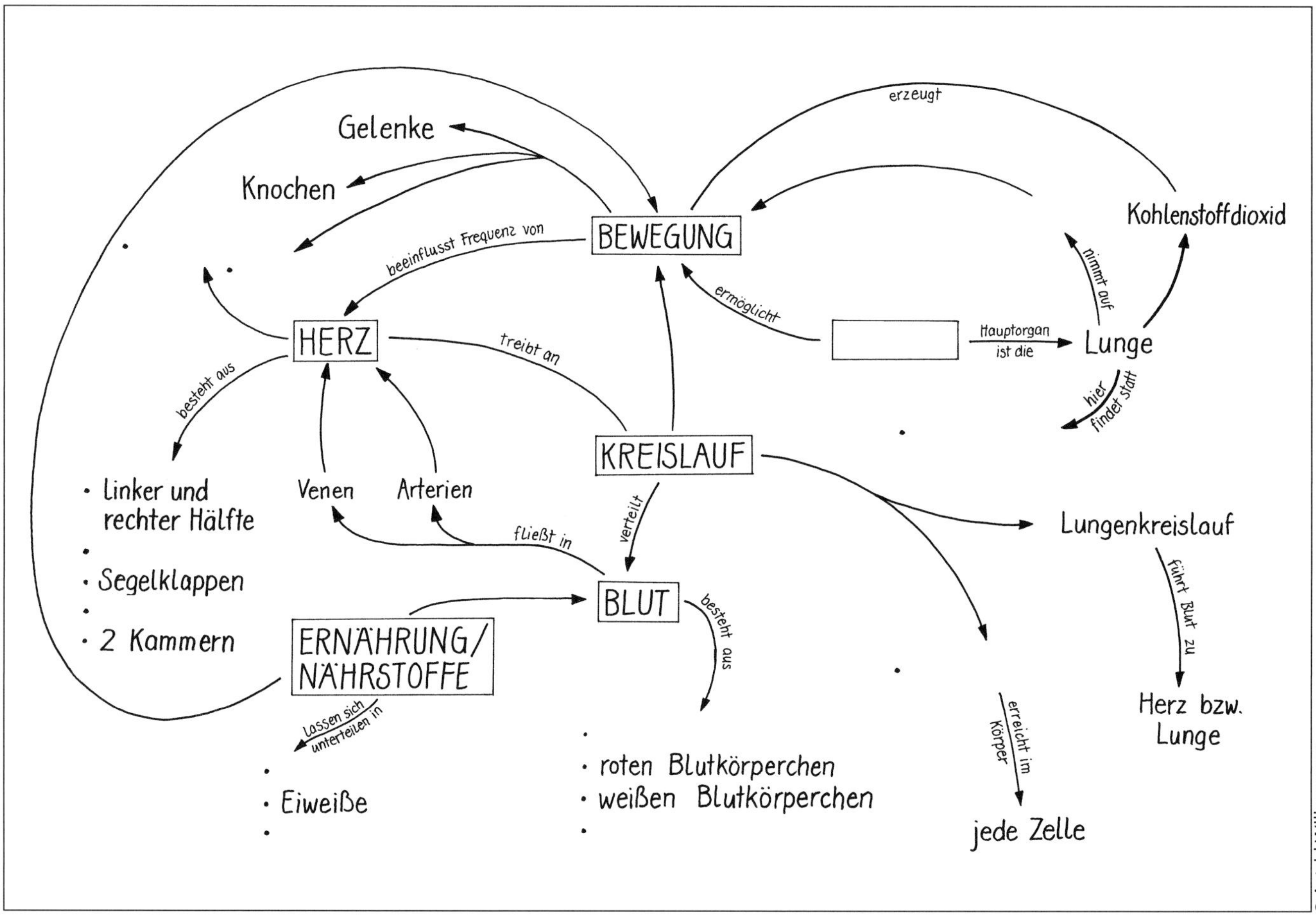

Gelenke
Knochen
erzeugt
Kohlenstoffdioxid
BEWEGUNG
beeinflusst Frequenz von
nimmt auf
ermöglicht
HERZ
treibt an
Hauptorgan ist die
Lunge
besteht aus
hier findet statt
KREISLAUF
• Linker und rechter Hälfte
•
• Segelklappen
•
• 2 Kammern
Venen
Arterien
fließt in
verteilt
Lungenkreislauf
führt Blut zu
BLUT
besteht aus
ERNÄHRUNG/ NÄHRSTOFFE
lassen sich unterteilen in
•
• Eiweiße
•
•
• roten Blutkörperchen
• weißen Blutkörperchen
•
erreicht im Körper
jede Zelle
Herz bzw. Lunge

© Astrid Wilkesmann

Concept Map zu Zusammenhängen im menschlichen Körper

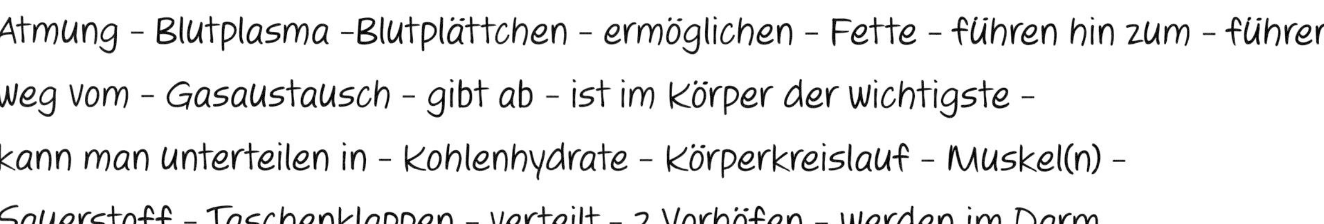
Atmung - Blutplasma -Blutplättchen - ermöglichen - Fette - führen hin zum - führen weg vom - Gasaustausch - gibt ab - ist im Körper der wichtigste - kann man unterteilen in - Kohlenhydrate - Körperkreislauf - Muskel(n) - Sauerstoff - Taschenklappen - verteilt - 2 Vorhöfen - werden im Darm aufgenommen ins - wichtig für - wird benötigt für

Wirkung von Nikotin auf die Herzschlagfrequenz

Darum geht's

Die Wirkung von Nikotin wird im Unterricht v. a. im Rahmen der Gesundheitserziehung berücksichtigt und zwar anhand von allgemeinen Symptomen und Folgeerkrankungen. Bei dieser Stunde stehen die neurobiologischen Auswirkungen von Nikotin an einem konkreten Beispiel im Fokus. Zudem üben die Schüler die Schrittfolge naturwissenschaftlicher Arbeitsmethoden (predict – observe – explain) ein.

Klassenstufe

7–10

Kompetenzerwartungen

Die Schüler können …

- Diagramme beschreiben und auswerten.
- eigene Beobachtungen mit weiteren Informationen verbinden und diese dadurch erläutern.
- die Wirkung von Nikotin auf die Herzschlagfrequenz erklären.

Material

- Folienvorlage „Zusammenhang zwischen Wasserflöhen und Rauchen?“ (S. 73)
- Arbeitsblatt „Welche Wirkung hat Nikotin auf die Herzschlagfrequenz?“ (S. 74)
- Overheadprojektor

Vorbereitung

Kopieren Sie das Arbeitsblatt (S. 74) doppelseitig in Klassenstärke. Kopieren Sie zudem die Vorlage (S. 73) auf eine Folie.

Vorkenntnisse

Die Schüler sollten über Grundkenntnisse der Neurobiologie verfügen und die Vorgänge an Synapsen bei der Reizweiterleitung beschreiben können.

Stundenverlauf

Einstieg

ca. 7 Minuten

Präsentieren Sie die Folienvorlage (S. 73) mit den drei Abbildungen. Die Schüler beschreiben diese und stellen einen vermuteten Zusammenhang zwischen den Bildern her, z. B. Nikotin wirkt nicht nur auf Menschen gefährlich, Nikotin ist giftig, Nikotin erhöht den Herzschlag. Lenken Sie das Unterrichtsgespräch auf Stoffe in der Zigarette und deren potenzielle Wirkung. Achten Sie darauf, dass es weniger um eventuelle Krankheitssymptome, sondern um direkte Wirkungen geht. Stellen Sie ggf. einen direkten Zusammenhang zum aktuellen Thema (Neurobiologie) her. Informieren Sie, dass diese Vermutungen nicht selbst (also an den Schülern) getestet werden können und Wissenschaftler in solchen Situationen Modellorganismen, wie z. B. Wasserflöhe, nutzen. Weisen Sie darauf hin, dass der Wasserfloh zwar kein Herz hat, wie es sich die Schüler in Anlehnung an das menschliche Herz vorstellen, es aber dennoch Ähnlichkeiten gibt. Doch bei einer 1:1-Übertragung muss man vorsichtig sein.

Erarbeitung

ca. 20 Minuten

Die Schüler erarbeiten zunächst in Einzelarbeit das Arbeitsblatt (S. 74) und tauschen sich anschließend mit ihrem Partner darüber aus.

Präsentation und Sicherung

ca. 10 Minuten

Legen Sie erneut die Folie aus der Einstiegsphase (S. 73) auf und fordern Sie die Schüler auf, den Zusammenhang nun genauer zu erläutern. Gestalten Sie damit den Übergang zur Besprechung und Kontrolle der Ergebnisse.

Reflexion/Ausblick

ca. 5 Minuten

Reflektieren Sie die Tragweite und Aussagekraft der Ergebnisse: Inwiefern reicht eine Testgruppe aus? Wie wichtig ist eine Validierung der Ergebnisse? Lassen Sie die Schüler die Bedeutung der Kontrollgruppe erläutern.

Tipps/Variationen/Anschlussmöglichkeiten

- Um Diagrammkompetenz zu schulen, bietet sich auch eine Abwandlung der Materialien an: Geben Sie lediglich die Werte der Test- und Kontrollgruppe an. Die Schüler können so selbst ein (Kurven-)Diagramm erstellen und dieses als Zwischenschritt beschreiben bzw. auswerten. Als Hilfe kann das hier vorliegende Diagramm (S. 74) als Musterlösung angeboten werden, das die Schüler vor der Erklärung einsehen können.

Messergebnisse

Im Folgenden werden die Messergebnisse aus den Versuchen mit Wasserflöhen (Wasser mit Nikotin versetzt [Testgruppe] bzw. sauberes Wasser [Kontrollgruppe]) angegeben. Nähere Angaben zu dem Versuch finden Sie auf dem Arbeitsblatt (S. 74).

Tabelle mit den Messergebnissen:

Kontrollgruppe (5 Tiere)/Testgruppe (5 Tiere); angegeben sind die Mittelwerte ohne Standardabweichung

Minuten	Herzschlagfrequenz ohne Nikotin	Herzschlagfrequenz mit Nikotin
0	275	276
3	260	350
5	258	330
8	261	329
10	258	327
13	257	275
15	257	250
18	255	230
20	268	226
23	266	227
25	265	190
28	268	223
30	270	208
33	272	208
35	273	201

Zusammenhang zwischen Wasserflöhen und Rauchen?

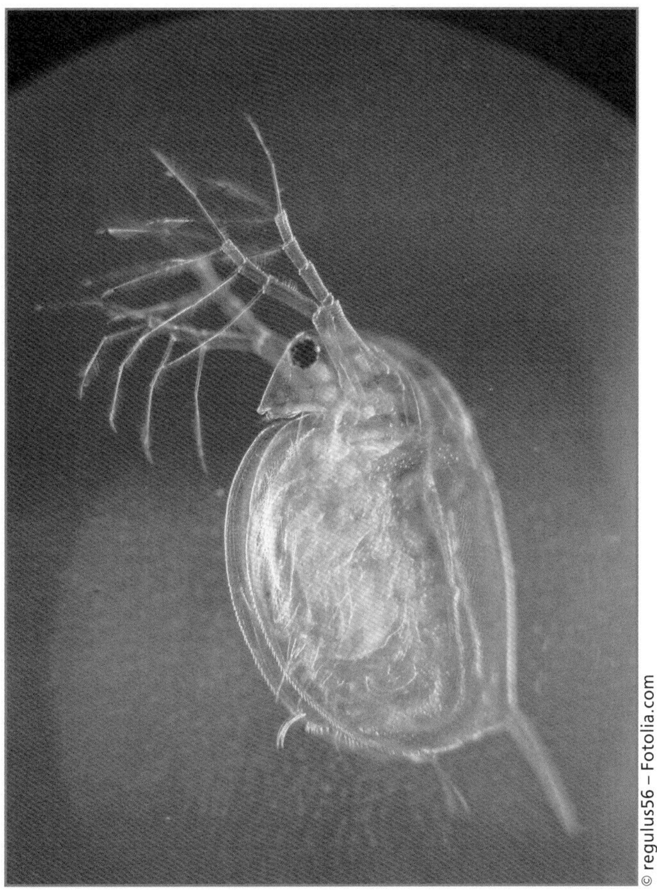

© regulus56 – Fotolia.com

Großer Wasserfloh (Daphnia magna)

© Osterland – Fotolia.com

Zigarettenschachtel

© theartofphoto – Fotolia.com

Raucher

Welche Wirkung hat Nikotin auf die Herzschlagfrequenz?

Wasserflöhe als Modellorganismus
Das Herz eines Wasserflohs unterscheidet sich von dem des Menschen in vielerlei Hinsicht. Ein Reizbildungszentrum (Sinusknoten), von dem ein Zusammenziehen (Kontraktion) ausgeht, existiert nicht. Im Herz des Wasserflohs findet sich stattdessen nur eine Anhäufung von Nervenzellkörpern. Allerdings gibt es beim Wasserfloh- und Menschenherz Ähnlichkeiten zwischen den neuronalen Abläufen, wie z. B. verschiedene Rezeptortypen, die auf bestimmte Boten- und Giftstoffe reagieren. Ergebnisse aus Experimenten, die die Auswirkungen von Nikotin auf Wasserflöhe untersuchen, können somit vermutlich auf die menschliche Herzfrequenz übertragen werden.

Versuche mit Wasserflöhen
In einem Versuch wurde eine Gruppe Wasserflöhe (5 Tiere) einer Nikotinkonzentration ausgesetzt, die 0,01 Prozent betrug. Anschließend wurde die Herzschlagfrequenz bestimmt (Testgruppe „Nikotin"). Eine weitere Gruppe Wasserflöhe (5 Tiere) wurde unter sonst gleichen Bedingungen in sauberes Wasser ohne Nikotin ausgesetzt („Kontrollgruppe"). Nach der Messung über einen bestimmten Zeitraum lassen sich folgende Ergebnisse beobachten:

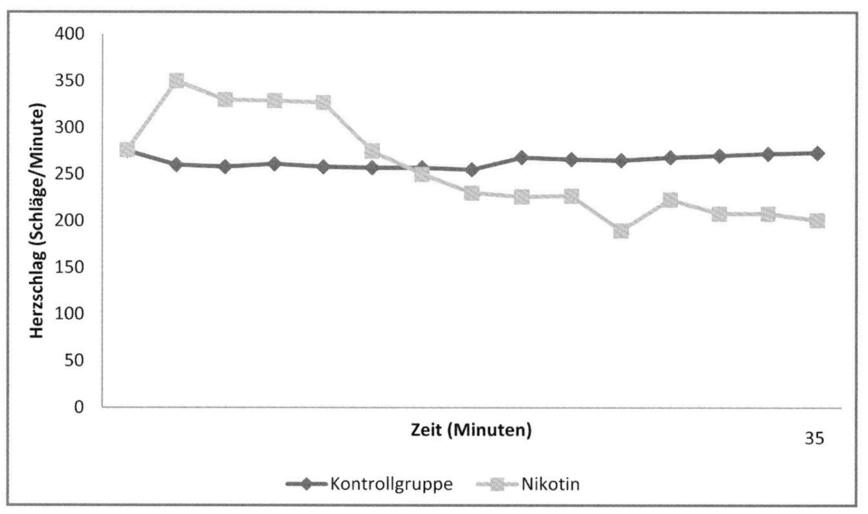

Die Wirkung von Nikotin
Der Botenstoff Acetylcholin spielt eine wichtige Rolle bei der Regulation vieler Körpervorgänge und ist ein wichtiger Botenstoff im zentralen Nervensystem (Gehirn und Rückenmark). Er dient unter anderem dazu, die Erregung von einer Nervenzelle über den synaptischen Spalt zu einer anderen Nerven- oder Muskelzelle, z. B. Herzmuskelzelle, zu übertragen.
Nikotin kann durch Andocken an spezielle Rezeptoren, an die auch Acetylcholin bindet, Einfluss auf die Erregungsübertragung nehmen. Nikotin imitiert sozusagen die Wirkung des Acetylcholins und führt zu einer ständigen Weiterleitung von Nervenimpulsen. In der Folge werden dadurch z. B. die Herzmuskelzellen erregt. Diese Prozesse können dann zu einer erhöhten Herzfrequenz führen.

Aufgaben

1. **Vermute und begründe: Welche Wirkung besitzt Nikotin auf die Herzschlagfrequenz?**
2. **Beschreibe die grafische Darstellung und vergleiche die Kontrollgruppe mit der Testgruppe.**
3. **Erkläre die Ergebnisse des Versuchs mithilfe des Abschnitts 3.**
4. **Stelle eine Vermutung auf, die das Absinken der Herzfrequenz der Testgruppe nach 10 Minuten erklärt.**

  ISBN 978-3-8346-2927-2 | www.verlagruhr.de

Sinnesorgan Ohr

Darum geht's

Das Ohr ist ein vielschichtiges Organ und dementsprechend sehr komplex für die Schüler. Die Schüler lernen oftmals die genauen Details, ohne den Zusammenhang von Struktur und Funktion des Ohres zu verstehen. Als Abschluss zum Thema „Sinnesorgan Ohr" bietet sich die Concept Map an, die durch die Schüler anhand von vorgegebenen Begriffskarten selbst erstellt werden soll.

Klassenstufe

7–10

Kompetenzerwartungen

Die Schüler können ...

- Bau und Funktion des Sinnesorgans Ohr begründet erläutern.
- die einzelnen Bestandteile und Funktionsweisen in eine Beziehung zueinander setzen.
- den eigenen Arbeitsprozess adressatengerecht kommunizieren und reflektieren.

Material

- Materialblatt „Begriffskarten für eine Concept Map zum Thema Ohr" (S. 77)
- pro Kleingruppe: 1–2 DIN-A3- oder DIN-A2-Blätter als Unterlage, die beschriftet werden können
- Modell bzw. schematische Abbildungen eines Ohres als Hilfe

Vorbereitung

Kopieren Sie pro Kleingruppe einen Satz Begriffskarten (S. 77) auf DIN-A3-Papier und schneiden Sie diese aus.

Vorkenntnisse

Da es sich um eine Abschlussstunde handelt, die das erworbene Wissen (re)organisieren und sichtbar miteinander verknüpfen soll, ist es wichtig, dass den Schülern der Aufbau und die Funktion des Sinnesorgans Ohr ausführlich bekannt sind.

Stundenverlauf

Einstieg

ca. 5 Minuten

Da es sich um eine vertiefende und (re)organisierende Abschlussstunde zur (sichtbaren) Verknüpfung des Wissens handelt, ist an dieser Stelle ein informierender und anleitender Einstieg durch die Lehrkraft sinnvoll. Notieren Sie drei Begriffe aus den Karten an der Tafel. Die Schüler erläutern die Begriffe und stellen eine Beziehung zwischen ihnen her. Verdeutlichen Sie diese Beziehung, indem Sie Verbindungspfeile einzeichnen, die Sie entsprechend beschriften. Leiten Sie über zur Erarbeitungsphase, indem Sie Gruppen einteilen, die Methode ggf. erläutern und die Materialien bereitstellen.

Erarbeitung

ca. 25 Minuten

Die Schüler arbeiten in 4er-Gruppen, ordnen die Begriffskarten begründet und durch Einigung innerhalb der Gruppe auf der Unterlage an.
Sie ergänzen Verbindungspfeile sowie deren Beschriftung auf dem Papier (Unterlage). Hierbei kann es sinnvoll sein, dass jedes Gruppenmitglied eine bestimmte Zahl an Karten zugeteilt bekommt, um alle Teilnehmer mit einzubeziehen.
Es ist bei dieser Methode beabsichtigt, dass die Schüler verschiedene Varianten ausprobieren sollten, um sich anschließend auf eine als Präsentationsgrundlage zu einigen. Die leeren Kärtchen dienen den Gruppen dazu, fehlende Begriffe selbstständig ergänzen zu können.

Präsentation und Sicherung

ca. 10 Minuten

Bilden Sie aus den vorherigen Kleingruppen neue Zusammensetzungen, sodass in jeder neuen Gruppe jeweils einer aus der vorherigen Kleingruppe ist. Aufgrund der Klassenstärke kann es sinnvoll sein, nicht alle Gruppen zu mischen: Die eine Hälfte „rotiert", die andere bleibt am Platz. Die Schüler führen in dem folgenden „kommentierten Museumsgang" eine Präsentation des eigenen Begriffsnetzes durch und sind Zuhörer bei der Präsentation von anderen Concept Maps. Hierbei sollte jeder Teilnehmer mindestens zwei fremde Ergebnisse präsentiert bekommen. Im Anschluss können die Schüler ihr Begriffsnetz ins Heft übertragen oder es wird ein Foto erstellt.

Reflexion

ca. 5 Minuten

Reflektieren Sie kriteriengeleitet mit den Schülern die Methode, deren Positionierung innerhalb der Reihe und den Umgang mit „abweichenden" Ergebnissen.

Tipps/Variationen/Anschlussmöglichkeiten

- Für leistungsschwächere Gruppen kann es hilfreich sein, weitere Beschriftungsmöglichkeiten der Verbindungspfeile auf einer Hilfekarte am Pult zu notieren.
- Je nach Umfang der Auseinandersetzung und Lerngruppe kann die Zahl der Kärtchen reduziert werden oder es können weitere Begriffe für schnelle Gruppen bereitgehalten werden.

Hinweis für die Schüler

Mithilfe eines Begriffsnetzes, auch **Concept Map** genannt, werden Begriffe miteinander in eine **Beziehung** gesetzt, um die Art des Zusammenhangs näher zu bestimmen.
Dafür **ordnet** man die Begriffe zunächst so an, dass **zusammenhängende Begriffe** nahe beieinander stehen.
Als Nächstes **verbindet** man die Begriffe mit **Pfeilen**. Hierbei sollte man ein Überkreuzen der Pfeile vermeiden.
Als letzten Schritt **beschriftet** man die Pfeile mit **Erklärungen,** wie z.B. „besteht aus" oder „verstärkt".
Zwischen einem Begriff, einer Erklärung und dem dazugehörigen Begriff sollten sich nun möglichst ganze Sätze bilden lassen.

Aufgabe für die Schüler

Diskutiert, welche Anordnung der Begriffskarten eurer Ansicht nach die beste Darstellung für die Zusammenhänge ist, und probiert verschiedene Möglichkeiten aus. Einigt euch anschließend auf eine Möglichkeit. Setzt Verbindungspfeile zwischen euren Begriffen und beschriftet die Pfeile. Die leeren Kärtchen dienen dazu, weitere wichtige Begriffe oder Erklärungen zu notieren.

Wichtig: Jedes Gruppenmitglied muss anschließend eure Anordnung begründen können!

Begriffskarten für eine Concept Map zum Thema Ohr

Ohrmuschel	äußerer Gehörgang	Trommelfell	Ohrtrompete
Gehörknöchelchen	ovales Fenster	Schnecke	Vorhofgang
Paukengang	Flüssigkeit	Schneckengang	Cortisches Organ
Druckausgleich	rundes Fenster	Schallwellen	Deckmembran
Grundmembran	Nervenimpuls	Schwingungen	Mittelohr
Außenohr	Innenohr	Sinneshärchen	Hörnerv
Gehirn			

Genetisch bedingt? Alkoholismus und Aggressivität

Darum geht's

Trotz der Herausstellung, dass erworbene Eigenschaften nicht vererbt werden, hält sich bei Schülern die Vorstellung hartnäckig, dass phänotypische Ausprägungen ausschließlich auf den Genotyp zurückzuführen sind. Das Zusammenwirken von Genen und Umwelt ist ein komplexes Feld und kann nicht umfassend in der Sekundarstufe berücksichtigt werden. Mit dieser Stunde soll dennoch die Auseinandersetzung mit der phänotypischen Plastizität angebahnt werden.

Klassenstufe

9–10

Kompetenzerwartungen

Die Schüler können …

- Informationen aus einem Text entnehmen und diese mithilfe ihres Vorwissens erläutern.
- adressaten- und sachgerecht Informationen präsentieren.
- Informationen mithilfe ihres Vorwissens beurteilen bzw. dieses dahingehend reflektieren.

Material

- Materialblatt „Alkoholismus-Gene identifiziert" (S. 79)
- Materialblatt „Ist Aggressivität vererbbar?" (S. 80)
- Aufgabenblatt „Genetisch bedingt?" (S. 81)

Vorbereitung

Kopieren Sie die beiden Materialblätter und das Aufgabenblatt (S. 79–81) in je halber Klassenstärke.

Vorkenntnisse

Da es sich um eine Abschlussstunde zur Genetik handelt, sollten die Schüler über fundierte Kenntnisse verfügen, um sachgerecht argumentieren und begründen zu können.

Stundenverlauf

Einstieg

ca. 5 Minuten

Notieren Sie als stummen Impuls die Aussage „Alkoholismus ist genetisch bedingt". Sammeln Sie die Äußerungen der Schüler, bei denen auch ggf. erste Diskussionen zulässig sein sollten. Ergänzen Sie ggf. eine weitere Notiz: „Gene entscheiden, wie aggressiv du bist". Leiten Sie mit den beiden Aussagen und ggf. unter Rückgriff auf Beiträge über zur Erarbeitungsphase.

Erarbeitung

ca. 30 Minuten

Teilen Sie die Klasse in zwei Hälften ein. Je eine Hälfte bearbeitet ein Thema, indem sie sich mit den Medientexten der Materialblätter auseinandersetzt und die Aussagen mithilfe ihres Vorwissens kritisch hinterfragt. Nach etwa 20 Minuten Einzelarbeit treffen sich je zwei Schüler mit unterschiedlichen Themen und erläutern sich diese gegenseitig. Zu der je anderen Aussage machen sich die Schüler Notizen als Beurteilungs- und Diskussionsgrundlage.

Präsentation und Sicherung

ca. 10 Minuten

Beziehen Sie sich bei der Einleitung dieser Phase zurück auf die zum Einstieg notierten Aussagen. Die Schüler diskutieren unter Verwendung von Fachbegriffen (Vorwissen), inwiefern die Aussage zutrifft, dass der Phänotyp durch den Genotyp bestimmt wird. Sie werden hervorheben, dass es sicherlich genetische Dispositionen gibt, diese aber auch durch Umwelteinflüsse bestärkt werden können. Damit sollte abschließend übergeleitet werden zu der Klärung des Begriffs „phänotypische Plastizität".

Alkoholismus-Gene identifiziert

Alkoholismus liegt oft in der Familie: Ist ein Elternteil betroffen, haben die Kinder später häufig selbst Probleme mit dem Alkoholmissbrauch. Ursache dafür ist, so die gängige Theorie, eine komplexe Mischung aus Veranlagung und Umwelteinflüssen. Unter anderem deshalb war es bisher unmöglich, vorherzusagen, wie suchtgefährdet ein Mensch tatsächlich ist. Das aber könnte sich nun ändern: Ein internationales Forscherteam hat erstmals elf Gene dingfest gemacht, die das Risiko für Alkoholismus deutlich erhöhen. Allein anhand ihrer Präsenz konnten die Forscher die Alkoholiker unter ihren Probanden von den Kontrollpersonen unterscheiden. Möglicherweise könnte künftig sogar ein einfacher Bluttest zeigen, wer besonders gefährdet ist.

Genetische Veranlagungen für Krankheiten oder psychische Störungen sind ein komplexes Feld. Denn nur in seltenen Fällen gibt es das eine Gen, das einen Menschen mit hundertprozentiger Sicherheit krank macht. Stattdessen tragen Betroffene häufig bestimmte Genkombinationen, die das Risiko für eine Krankheit erhöhen können, aber nicht müssen. Oft macht sich die Veranlagung erst bemerkbar, wenn auslösende Faktoren der Umwelt hinzukommen. So auch beim Alkoholismus: „Es gibt hier Belege für eine Rolle sowohl der Umwelt als auch der Gene", erklären Alexander Niculescu von der Indiana University in Indianapolis und seine Kollegen. Allerdings wurden bisher fast so viele potenziell auslösende Genvarianten beschrieben wie es Studien dazu gibt. Niculescu und seine Kollegen haben nun dieses Feld erheblich ausgedünnt. […]

Für ihre Studie gingen die Forscher von 135 Genen aus, die in vorhergehenden Studien an Tieren oder Menschen als potenziell den Alkoholismus fördernd identifiziert worden waren. Für diese Genvarianten prüften sie in mehreren Schritten, wie häufig, wie eng und wie gesichert der Zusammenhang mit Alkoholismus belegt worden war. Gleichzeitig analysierten die Forscher das Erbgut von 411 Alkoholikern und 1307 Kontrollpersonen daraufhin, ob es diese Genvarianten enthielt. Aus diesen Daten entwickelten sie anschließend eine Rangliste der genetischen Risikovorhersage – je höher ein Gen darauf gelistet ist, desto mehr trägt es dazu bei, die Anfälligkeit für die Alkoholsucht zu erhöhen. Diese Rangliste überprüften die Forscher dann erneut sowohl in Tierversuchen als auch in Studien mit menschlichen Probanden.

Das Ergebnis war eine Liste von nur noch elf Top-Kandidaten – den Genen, die bei den meisten Alkoholikern auffällig sind. Eines dieser Gene erwies sich dabei als fast schon sicheres Indiz für eine Neigung zu Alkoholabhängigkeit: das sogenannte Synuclein Alpha (SNCA). „Schon allein anhand dieses Gens konnten wir die Alkoholiker von den Kontrollpersonen unterscheiden", berichten die Forscher. Dieses funktionierte in drei jeweils mehrere hundert Personen umfassenden und voneinander unabhängigen Tests. Das vom SNCA-Gen kodierte Protein spielt eine wichtige Rolle für die Plastizität des Gehirns und für bestimmte Hirnbotenstoffe. Ist von diesen zu wenig vorhanden, sinkt die neurobiologische Aktivität ab. Und dies steigert bei Betroffenen die Lust nach Alkohol, weil dieser diesen Mangel zumindest vorübergehend ausgleichen kann, wie die Forscher erklären. Auch die restlichen zehn Gene in der Risikoliste spielen primär für den Hirnstoffwechsel eine Rolle.

[…]

Die Wissenschaftler warnen jedoch vor einer Stigmatisierung der Betroffenen durch solche Tests: Selbst wenn jemand durch diese Gene anfälliger für Alkoholismus ist, bedeutet dies noch nicht, dass er dem auch nachgibt. Vermeidet diese Person Alkohol, könnte sie ebenso belastbar und produktiv sein wie jeder andere, so die Forscher. Das Wissen um die Gefährdung könnte aber helfen, Versuchungen von vornherein aus dem Weg zu gehen – und diesen Menschen daher helfen, eine Abhängigkeit zu vermeiden.

(Quelle: www.wissenschaft.de/leben-umwelt/genforschung/-/journal_content/56/12054/3645118/Alkoholismus-Gene-identifiziert/)

Ist Aggressivität vererbbar?

„Ich möchte ein Kind, aber auf gar keinen Fall einen Jungen", forderte die junge Frau. Die Sicherheit, die sie suchte, war kein Fall für den Routinebetrieb. 1978 kommen eine schwangere Frau und ihre Mutter mit einem sonderbaren Anliegen in das Universitätskrankenhaus Nimwegen. Sie wollen einen genetischen Test – über die Aggressivität des erwarteten Kindes. Sie haben ihre Gründe. Die beiden erzählen den Ärzten, dass die Männer der Familie seit mehreren Generationen ungewöhnliche Verhaltensweisen zeigen. Unkontrollierbare Gewaltausbrüche brächten sie immer wieder in Schwierigkeiten. Ein Cousin hatte seine Schwester vergewaltigt. Ein Onkel versuchte, seinen Chef zu überfahren, weil dieser seine Arbeit kritisiert hatte. Zwei weitere Verwandte wurden der Brandstiftung überführt. Dazu wussten die Frauen von vielen Brüdern, Neffen und Großeltern, die wegen Exhibitionismus aufgefallen waren. Die Mutter und ihre Tochter sind überzeugt: Angesichts dieser Häufung müssen Gene für die Aggressionsschübe verantwortlich sein. „Ich bin sicher, das ist vererbt", bekräftigt die Mutter. Die Ärzte halten eine genetische Untersuchung für unmöglich. [...]

Zehn Jahre später, 1988, kommen die junge Frau und ihre Mutter zurück. Diesmal bringen sie ein Schulheft aus dem Nachlass des Großonkels mit. Es enthält eine Chronik, die gesammelte Geschichte der Familie. Der Sonderschullehrer hat die betroffenen Männer detailgenau geschildert: Sie seien zwar schüchtern und reserviert, sonst aber ganz normale Menschen. Unerklärlich, aber von Zeit zu Zeit verlören sie einfach den Kopf. Wieder verlangen die Frauen Hilfe von den Ärzten.

Und diesmal können sie überzeugen. Dr. Han Brunner [ein Genetiker] beschließt, der Aggressionsthese auf den Grund zu gehen, denn nun steht es außer Frage, dass es in der Familie tatsächlich Probleme mit spontanen Gewaltschüben gibt. Außerdem ist die Genetik soweit, solche Fragen klären zu können. Nach mehrjähriger Forschungsarbeit findet Brunner, dass den unerklärlichen Aggressionsschüben vieler Männer in der Familie ein einziges defektes Gen zugrunde liegt. [...] Ist es möglich, dass ein einziges defektes Gen spontan Aggressionen verursachen kann? In der niederländischen Familie – ja. Während Frauen völlig unauffällig sind, belegte die Familienchronik, dass 14 der insgesamt 33 Männer ungewöhnlich auf Stress reagierten. Der Genetiker Han Brunner nahm fünf dieser Männer genauer unter die Lupe. Er untersuchte den Urin auf Nervenchemikalien und fand eine heiße Spur: Die Männer schieden abnorm viele Neurotransmitter wie Dopamin, Adrenalin und Serotonin aus. Diese Amine werden fortlaufend im Gehirn produziert. Man weiß, dass ihre Konzentration entscheidend ist für emotionale Zustände wie Aufmerksamkeit oder Angst. Ein Zuviel kann tatsächlich spontane Gewaltakte bewirken. [...] Nach wie vor aber blieb unklar, was die hohe Konzentration an Neurotransmittern im Urin verursacht. Ein zweiter Ansatz ist notwendig. Und diesen zweiten Weg ging Han Brunner über die alten Methoden der Genetik. Allein das Studium des Stammbaums hatte nämlich schon klargemacht, dass die Vererbung der Aggression über ein weibliches X-Chromosom laufen musste.

[...] Der Grund: Sie haben den Vorteil zweier X-Chromosomen. Sind Gene auf dem einen defekt, kann das andere einspringen. [...]

Bei allen fünf betroffenen Männern aus der Familie war ein winziger Abschnitt des X-Chromosoms absolut identisch, von einem einzigen Ahn geerbt. Der immer gleiche Genabschnitt produziert das Enzym Monoamino-Oxidase, kurz einfach MAO genannt. Bei zwölf Männern der Familie, die keine Probleme mit Aggressionsanfällen haben, unterschied sich dieser Bereich. Deshalb vermutet Brunner, dass das MAO-Gen einen Defekt hat und die Ursache der Aggression ist, zumindest in der niederländischen Familie.

[...]

(Quelle: www.focus.de/gesundheit/news/medizin-ist-aggressivitaet-vererbbar_aid_141303.html)

Genetisch bedingt?

Alkoholismus-Gene identifiziert

Aufgaben

1. **Lies den Text beim ersten Lesen zügig und beim zweiten Lesen genauer.**
   a) **Unterstreiche unbekannte Begriffe und kläre sie aus dem Textzusammenhang oder mithilfe eines Wörterbuchs.**
   b) **Markiere Schlüsselwörter in dem Text.**
   c) **Gliedere den Text in Sinnabschnitte und formuliere für jeden Sinnabschnitt eine passende Überschrift.**
   d) **Fasse den Text mithilfe deiner Ergebnisse stichwortartig zusammen und bereite dich auf eine Präsentation vor.**
2. **Präsentiere die Informationen zur Aussage „Alkoholismus ist genetisch bedingt". Achte dabei auf die korrekte Verwendung der Fachbegriffe. (Gruppenarbeit in 2er-Teams)**
3. **Dein Partner wird dir Informationen zur Aussage „Gene entscheiden, wie aggressiv du bist" präsentieren. (Gruppenarbeit in 2er-Teams)**
   Notiere Stichworte, inwiefern Aggressivität durch die genetische Ausstattung bedingt ist. Kläre offene Fragen und gib deinem Partner eine kurze Rückmeldung zu der Präsentation.

Humanbiologie | **Genetisch bedingt? Alkoholismus und Aggressivität** | Aufgabenblatt 20

Genetisch bedingt?

Ist Aggressivität vererbbar?

Aufgaben

1. **Lies den Text beim ersten Lesen zügig und beim zweiten Lesen genauer.**
   a) **Unterstreiche unbekannte Begriffe und kläre sie aus dem Textzusammenhang oder mithilfe eines Wörterbuchs.**
   b) **Markiere Schlüsselwörter in dem Text.**
   c) **Gliedere den Text in Sinnabschnitte und formuliere für jeden Sinnabschnitt eine passende Überschrift.**
   d) **Fasse den Text mithilfe deiner Ergebnisse stichwortartig zusammen und bereite dich auf eine Präsentation vor.**
2. **Präsentiere die Informationen zur Aussage „Gene entscheiden, wie aggressiv du bist". Achte dabei auf die korrekte Verwendung der Fachbegriffe. (Gruppenarbeit in 2er-Teams)**
3. **Dein Partner wird dir Informationen zur Aussage „Alkoholismus ist genetisch bedingt" präsentieren. (Gruppenarbeit in 2er-Teams)**
   Notiere Stichworte, inwiefern Alkoholismus genetisch bedingt ist. Kläre offene Fragen und gib deinem Partner eine kurze Rückmeldung zu der Präsentation.

30 x 45 Minuten | **Biologie** | © Verlag an der Ruhr | Autorin: Julia Dankbar | ISBN 978-3-8346-2927-2 | www.verlagruhr.de 81

Wer ist der Vater? – Blutgruppenvererbung

Darum geht's

Nicht nur anhand von DNA-Tests, sondern auch anhand der Blutgruppen lässt sich eine potenzielle Vaterschaft eingrenzen. Mit dieser Stunde erarbeiten die Schüler nach Mendel'schen Regeln selbstständig die Vererbung von Blutgruppen und erläutern den Begriff der Kodominanz.

Klassenstufe

9–10

Kompetenzerwartungen

Die Schüler können ...

- die Vererbung der Blutgruppen materialbasiert herleiten und erklären.
- auf Basis ihrer erworbenen Kenntnisse die Aussagekraft über eine Vaterschaftsfeststellung anhand von Blutgruppenvergleichen überprüfen.
- ihre Erkenntnisse strukturiert und (fach-) sprachlich korrekt sowie adressatengerecht kommunizieren.

Material

- Folienvorlage „Ist Marius der Vater?" (S. 84)
- Arbeitsblatt „Wie werden Blutgruppen vererbt?" (S. 84–87)
- Overheadprojektor

Vorbereitung

Ziehen Sie die Folienvorlage (S. 83) einmal auf Folie. Kopieren Sie das Arbeitsblatt „Wie werden Blutgruppen vererbt?" (S. 85–87) in Klassenstärke.

Vorkenntnisse

Den Schülern müssen grundlegende Kenntnisse zur Vererbung, insbesondere zu den Mendel'schen Regeln haben. Ebenso sollten sie Grundkenntnisse im Bereich der Stammbaumanalyse besitzen.

Stundenverlauf

Einstieg

ca. 5 Minuten

Präsentieren Sie die Folienvorlage (S. 84) und lassen Sie den Zeitungsartikel von einem Schüler vorlesen. Fordern Sie die Schüler ggf. dazu auf, die Informationen in eigenen Worten zusammenzufassen, sodass sie davon ausgehend die Problemfrage der Stunde formulieren können. Diese könnte lauten: „Wie werden Blutgruppen vererbt?" oder „Wie kann man anhand der Blutgruppen die Vaterschaft ermitteln?". Notieren Sie die Stundenfrage an der Tafel und sammeln Sie Vermutungen von den Schülern. Diese werden ebenfalls an der Tafel notiert. Leiten Sie über zum Erarbeitungsprozess, indem Sie die Lerngruppe in 3er-Teams einteilen.

Erarbeitung

ca. 25 Minuten

Die Schüler erhalten das Arbeitsblatt (S. 85–87) und bearbeiten es eigenverantwortlich und zeitlich selbstorganisiert innerhalb des 3er-Teams. In einigen Lerngruppen kann es hilfreich sein, Musterlösungen (S. 84) zu den Schlussfolgerungen der ersten Seite dieses Arbeitsblattes am Pult bereitzustellen, um die weitere Bearbeitung zu gewährleisten. Nach Austausch und ggf. Einigung auf die formulierten Schlussfolgerungen ermitteln die Schüler mögliche Blutgruppen von Kindern hypothetischer Eltern und vergleichen ihre Ergebnisse innerhalb der Gruppe (2. Seite des Arbeitsblattes, S. 86). Mit der ergänzenden Seite 3 (S. 87) wird auf das Ausgangsbeispiel zurückgegriffen. Die Schüler begründen auf Basis des erarbeiteten Wissens, welche Männer als Väter von Anna infrage kommen.

Präsentation und Sicherung

ca. 10 Minuten

Leiten Sie die Besprechung der Arbeitsergebnisse mit der Frage „Wer ist der Vater?" ein. Die Schüler begründen ihre Antwort diesbezüglich und gehen auf die anderen potenziellen Väter ein (Arbeitsblatt Seite 3, S. 87).
Die Schüler stellen eine Rückbezug zur Stundenfrage her und formulieren eine Antwort auf die Frage, die an der Tafel (unter den Vermutungen) notiert wird. In diesem Zusammenhang wird als neuer Fachbegriff die „Kodominanz" von Allelen eingeführt und in die Antwort integriert. Die zuvor aufgestellten Vermutungen werden mithilfe der formulierten Antwort überprüft.

Tipps/Variationen/Anschlussmöglichkeiten

- Je nach Leistungsstärke der Lerngruppe kann eine Lenkung in der Einstiegsphase zur Formulierung der Stundenfrage ebenso hilfreich sein wie ein kurzer Austausch (Murmelphase) mit dem Partner vor der Sammlung der Vermutungen.
- Unter Umständen ist eine vorgegebene Einteilung der Gruppen nach Leistungsstärke und Arbeitstempo ratsam.
- Die Vererbung des Rhesusfaktors bietet eine weitere Abstraktions- und Vertiefungsmöglichkeit.

Ist Marius der Vater?

13. Mai 2015 BERLIN. Ist er es oder ist er es nicht? Beharrlich behauptet Frau Müller, dass Marius A., der bekannte Schauspieler aus der Serie „Wilde Herzen", der Vater ihrer Tochter Anna sei. Marius A. streitet dies ab.

So verhärtet, wie sich die Fronten im Moment darstellen, wird es wahrscheinlich auf einen Vaterschaftsprozess vor Gericht hinauslaufen. Auch weil Marius A. die Ansicht vertritt, dass durchaus andere Männer als Vater von Anna infrage kommen. Einer der potenziell anderen Väter besitze die Blutgruppe B. Marius A. selbst habe die Blutgruppe AB, wie sein Blutspendeausweis belegt.

Frau Müller bestätigt auf Anfrage, dass sie die Blutgruppe 0 und ihre Tochter die Blutgruppe B haben.

Wie werden Blutgruppen vererbt?

Musterlösung

Stammbaum 1
Schlussfolgerung:
Das Allel A ist dominant gegenüber 0.
Bei heterozygoten Kindern mit dem Genotyp A0 wird im Phänotyp die Blutgruppe A ausgeprägt.

Stammbaum 2
Schlussfolgerung:
Das Allel B ist dominant gegenüber 0.
Bei heterozygoten Kindern mit dem Genotyp B0 wird in dem Phänotyp die Blutgruppe B ausgeprägt.

Stammbaum 3
Schlussfolgerung:
Die Allele A und B sind kodominant zueinander, d. h., sie werden im Phänotyp gleichwertig ausgeprägt.
Bei heterozygoten Kindern mit dem Genotyp AB wird im Phänotyp die Blutgruppe AB ausgeprägt (intermediärer Erbgang).

Wie werden Blutgruppen vererbt? (1/3)

Die Stammbäume zeigen die Vererbung der Blutgruppen im Falle von homozygoten Eltern.

Stammbaum 1

	Vater		Mutter	
Phänotyp	A	x	0	
Genotyp	A A	x	0 0	
Kinder: Genotyp	A0	A0	A0	A0
Phänotyp	A	A	A	A

Schlussfolgerung:

Stammbaum 2

	Vater		Mutter	
Phänotyp	B	x	0	
Genotyp	B B	x	0 0	
Kinder: Genotyp	B0	B0	B0	B0
Phänotyp	B	B	B	B

Schlussfolgerung:

Stammbaum 3

	Vater		Mutter	
Phänotyp	AB	x	AB	
Genotyp	A B	x	A B	
Kinder: Genotyp	AA	AB	AB	BB
Phänotyp	A	AB	AB	B

Schlussfolgerung:

Aufgaben

1. **Analysiere in Einzelarbeit je einen Stammbaum (Absprache innerhalb der Gruppe). Welche Aussagen lassen sich über den jeweiligen Erbgang treffen?**
2. **Stellt euch anschließend in der Gruppe gegenseitig eure Ergebnisse vor und formuliert gemeinsam für jeden Stammbaum eine Schlussfolgerung.**
3. **Bearbeite nun mithilfe deines hier erworbenen Wissens Aufgabe 4.**

Wie werden Blutgruppen vererbt? (2/3)

Stammbaum 4

	Vater			Mutter	
Phänotyp	B		x	A	
Genotyp	B	0	x	A	0
Kinder:					
Genotyp					
Phänotyp					

Stammbaum 5

	Vater			Mutter	
Phänotyp	AB		x	0	
Genotyp	A	B	x	0	0
Kinder:					
Genotyp					
Phänotyp					

Stammbaum 6

	Vater			Mutter	
Phänotyp	AB		x	AB	
Genotyp	A	B	x	A	B
Kinder:					
Genotyp					
Phänotyp					

Stammbaum 7

	Vater			Mutter	
Phänotyp	B		x	0	
Genotyp	B	0	x	0	0
Kinder:					
Genotyp					
Phänotyp					

Stammbaum 8

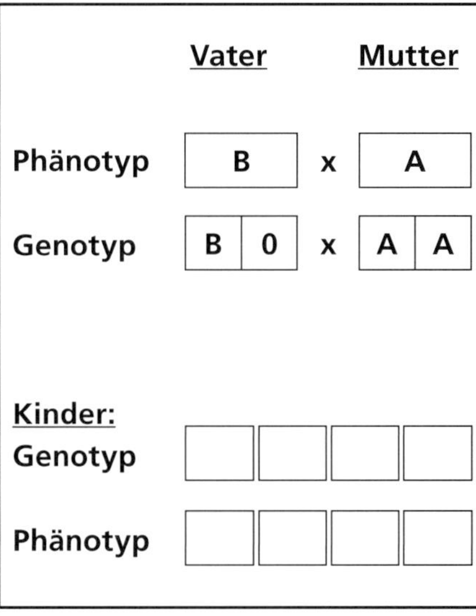

	Vater			Mutter	
Phänotyp	B		x	A	
Genotyp	B	0	x	A	A
Kinder:					
Genotyp					
Phänotyp					

Stammbaum 9

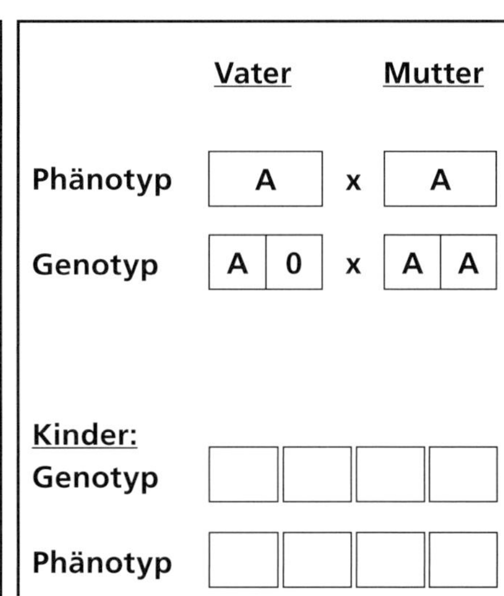

	Vater			Mutter	
Phänotyp	A		x	A	
Genotyp	A	0	x	A	A
Kinder:					
Genotyp					
Phänotyp					

Aufgaben

4. **Ermittle die möglichen Blutgruppen der Kinder. (Einzelarbeit)**
5. **Vergleicht anschließend die Lösungen miteinander und klärt eventuelle Fragen oder Schwierigkeiten. (Gruppenarbeit)**

  ISBN 978-3-8346-2927-2 | www.verlagruhr.de

Wie werden Blutgruppen vererbt? (3/3)

Person	Blutgruppe	
Mutter	0	
Kind: Anna	B	
mögliche Väter		Begründung
Mann 1	A	
Mann 2	B	
Marius A.	AB	
Mann 4	0	

Aufgaben

6. **Begründet mithilfe eures Wissens über die Vererbung von Blutgruppen, welcher der Männer der Vater von Anna ist. (Gruppenarbeit)**

7. **Falls ihr noch Zeit habt, überlegt gemeinsam: Inwiefern eignet sich die Methode des Blutgruppenvergleichs, um eine Vaterschaft zu beweisen?**

Mendel'sche Regeln und Genetik-Begriffe

Darum geht's

Manche Bereiche in der Biologie beinhalten das Lernen und sichere Anwenden zahlreicher Fachbegriffe. Diese werden hier zum Thema Genetik und Mendel'sche Regeln mithilfe eines Dominospiels auf kommunikative Art eingeübt.

Klassenstufe

9–10

Kompetenzerwartungen

Die Schüler können ...

- die Mendel'schen Regeln anwenden und erläutern.
- begründet die Begriffe ihren Erläuterungen zuweisen und diese adressatengerecht in der Kleingruppe vermitteln.
- ihre Kenntnisse zu den Grundbegriffen der (Mendl'schen) Genetik vertiefen.

Material

- pro Spielsatz:
  Dominokarten (S. 90),
  1 Briefumschlag zur Aufbewahrung,
  ggf. leere Kärtchen

Vorbereitung

Kopieren Sie mehrere Spielsätze der Dominokarten (S. 90) auf DIN-A3-Papier und schneiden Sie die Kärtchen aus. Je nach Bedarf sollten Sie die einzelnen Dominokarten laminieren. Um die einzelnen Spielsätze unterscheiden zu können, bietet es sich an, für jeden Spielsatz ein anderes farbiges Papier zu verwenden. Das Lösungswort „Vererbungslehre" sollten Sie auf die Rückseite der Dominokarten je Spielsatz schreiben, auf jede Karte wird ein Buchstabe des Lösungswortes vermerkt. Die Begriffe auf den Dominosteinen sind auf dem Materialblatt in der richtigen Reihenfolge angeordnet. Kopieren Sie je Spielsatz ggf. auch leere Kärtchen, um Erweiterungen und Vertiefungen zu ermöglichen.

Vorkenntnisse

Die Schüler sollten mit den Mendel'schen Regeln weitestgehend vertraut sein und deren Anwendung zuvor geübt haben. In diesem Zusammenhang sollten relevante Fachbegriffe, wie „heterozygot", „Allel" und „rezessiv", eingeführt worden sein. Erste Kenntnisse von Stammbaumsymbolen sind hilfreich, da auch diese im Dominospiel berücksichtigt werden.

Stundenverlauf

Einstieg

ca. 5 Minuten

Da es sich um eine Vertiefungsstunde innerhalb oder am Ende einer Sequenz der Mendel'schen Regeln und der Humangenetik handelt, bedarf es hier eher eines informierenden Einstiegs durch die Lehrkraft, sodass die Schüler direkt mit der Erarbeitung beginnen können. Sie sollten daher darauf verweisen, dass die hohe Anzahl an Fachbegriffen, die das Thema mit sich bringt, eine Übung und „Organisation" erforderlich macht, die spielerisch mit den Dominokarten durchgeführt wird.

Erarbeitung

ca. 25 Minuten

Die Schüler werden in Kleingruppen eingeteilt (zwei bis sechs Schüler) und erhalten einen Spielsatz mit der Aufgabe, Begriffe und Erläuterungen korrekt zuzuordnen und sie im Sinne eines Dominospiels auf dem Tisch anzuordnen. Nennen Sie dazu den Startbegriff. Dann sollen die Schüler sich als Gruppe begründet auf eine Zuordnung einigen. Sind alle Karten angeordnet, können die Schüler ihr Ergebnis selbstständig überprüfen, indem sie die Karten umdrehen und die Buchstaben auf der Rückseite das Lösungswort „Vererbungslehre" ergeben.

Präsentation und Sicherung

ca. 10 Minuten

Da die Schüler ihre Lösung selbstständig kontrollieren können, ist eine Präsentation der richtigen Lösung im eigentlichen Sinne nicht mehr vonnöten. Je nach Leistungsfähigkeit der Lerngruppe kann aber eine Meldekette mit dem Vorlesen der richtigen Anordnung der Dominokärtchen sinnvoll sein.

Reflexion

ca. 5 Minuten

Reflektieren Sie mit der Lerngruppe die methodische Herangehensweise des Dominospiels, um auch für weitere „fachbegriffsintensive" Themen eine Orientierung zu haben. Die Reflexion sollte außerdem das Vorgehen der Schüler mit in den Blick nehmen.

Tipps/Variationen/Anschlussmöglichkeiten

- Für schnelle bzw. leistungsstarke (Klein-) Gruppen bieten sich zusätzliche Begriffskärtchen, die sich ergänzen bzw. einfügen lassen, ebenso gut an wie vollständig leere Dominokärtchen, die von den Schülern selbstständig ergänzt werden.
- Da der Start-Begriff nicht vorgegeben ist, kann es sein, dass das Lösungswort zunächst nicht in der richtigen Reihenfolge zu lesen ist; darauf sollten die Schüler hingewiesen werden.
- Auf eine Beschriftung mit den Buchstaben des Lösungswortes kann verzichtet werden, dann ist aber eine Präsentation der Ergebnisse und deren Sicherung notwendig.
- Bei der Aufgabenstellung kann ergänzt werden, dass jeder Schüler der Kleingruppe eine bestimmte Anzahl an Karten erhält und diese integrieren muss. Dies gewährleistet, dass auch schwächere oder stillere Schüler ihre Kommunikationskompetenz schulen.

Dominospiel

rezessiv	reinerbig für ein Merkmal
homozygot	mischerbig für ein Merkmal
heterozygot	aufgrund von Veränderungen im Erbgut auftretende, familiär weitergegebene Merkmale, die zu Krankheitssymptomen führen
Erbkrankheiten	aufgrund von zellulären „Aufteilungsprozessen" nur mit einem Allel (statt der üblicherweise zwei) ausgestattete Zellen
Keimzellen	Kreuzt man zwei Individuen einer Art, die sich in einem Merkmal reinerbig unterscheiden, sind die Nachkommen in der F1-Generation in Bezug auf dieses Merkmal gleich.
Uniformitätsregel	Gesamtheit aller körperlichen und physiologischen Merkmale eines Lebewesens
Phänotyp	Kreuzt man zwei Lebewesen einer Art, die sich in mehr als einem Merkmal unterscheiden, so können die Merkmalspaare in neuen Kombinationen auftreten (Verhältnis: 9:3:3:1).
Unabhängigkeitsregel	Zustandsform eines Gens von mehreren möglichen Zustandsformen eines Gens
Allel	Das Merkmal wird ausgeprägt, wenn das Individuum für dieses Merkmal homozygot oder heterozygot ist.
dominant	Kreuzt man die Mischlinge der F1-Generation untereinander, so treten in der F2-Generation auch die Merkmale der P-Generation in einem festen Zahlenverhältnis wieder auf (3:1).
Spaltungsregel	Die Merkmalsausprägung der F1-Generation liegt zwischen den beiden elterlichen Erscheinungsbildern.
intermediär	Stammbaumsymbol für einen Merkmalsträger
■	Gesamtheit aller Erbanlagen eines Individuums
Genotyp	Nachkommen der ersten Tochtergeneration
F2-Generation	Das Merkmal wird nur ausgeprägt, wenn die Individuen für dieses Merkmal homozygot sind.

  ISBN 978-3-8346-2927-2 | www.verlagruhr.de

Schwanger mit 15!

Darum geht's

Als Teenager ein Kind zu bekommen, stellt die Betroffenen vor eine Vielzahl von Herausforderungen. Dass dabei auch die Schule und die Meinungen anderer Eltern relevant sein können, wird in dieser Einheit thematisiert. Für weitere Informationen vgl.: www.bzga.de/infomaterialien/aidsaufklaerung/methodensammlung-handlungsorientierte-methoden-fuer-die-aids-und-sexualaufklaerung-mit-geschlossenen-gruppen/

Klassenstufe

9–10

Kompetenzerwartungen

Die Schüler können …

- sich in unterschiedliche Rollen hineinversetzen und die Perspektive erläutern und vertreten.
- eine Podiumsdiskussion durchführen und dabei in ihren Rollen bleiben.
- eine Podiumsdiskussion reflektieren.

Material

- Boris Pfeiffer: „Baby im Bauch?“ Ravensburger Buchverlag, 1. Kapitel
- Rollenkarten „Schwanger mit 15!“ (S. 92–94)

Vorbereitung

Kopieren Sie jede Rollenkarte zu 1/7 der Klassenstärke. Schneiden Sie die einzelnen Rollenkarten inkl. Aufgabenstellungen aus.

Vorkenntnisse

Die Schüler sollten ggf. Kenntnisse zum Thema Verhütung haben. Sie sollten geübt sein in der Durchführung einer Podiumsdiskussion und die Verhaltens- und Gesprächsregeln beherrschen.

Stundenverlauf

Einstieg

ca. 15 Minuten

Lesen Sie als Einstimmung das erste Kapitel aus dem Roman „Baby im Bauch?“ von Boris Pfeiffer vor. Die Schüler geben die Informationen in eigenen Worten wieder und benennen die Problematiken, die sich auftun. Lenken Sie über zu der Situation, dass viele Bekannte und Verwandte inzwischen von der Schwangerschaft wissen und sich „einmischen“.

Erarbeitung

ca. 25 Minuten

Teilen Sie die Klasse in sieben Gruppen ein. Jede Gruppe übernimmt eine Rolle und erhält dafür jeweils eine Rollenkarte inkl. Aufgabenstellungen (S. 92–94). Die Schüler bereiten in Kleingruppen die Podiumsdiskussion vor und sollten z. T. auch Gelegenheiten haben, sich mit anderen Rollen auszutauschen (z. B. Protagonistin und ihre Mutter).

Präsentation und Sicherung

ca. 25 Minuten

Die Schüler führen die Podiumsdiskussion unter Anleitung des Moderators durch. Je ein Schüler vertritt pro Gruppe eine Rolle. Die weiteren Schüler sind Beobachter oder Unterstützer. Der Moderator beendet die Diskussion. Alle Schüler bleiben zunächst an den vorherigen Plätzen.

Reflexion

ca. 20 Minuten

Jeder Teilnehmer der Podiumsdiskussion hat der Reihe nach die Möglichkeit, seine Wahrnehmung in der Rolle und das Erleben der Diskussion zu beschreiben. Anschließend beschreiben die Zuschauer die Diskussion. Die Schüler reflektieren kritisch die Rollenprofile und deren Umsetzungsmöglichkeit sowie deren Realitätsbezug.

Rollenkarten (1/3)

Rolle: Janna, 15 Jahre

Ich bin Janna, 15 Jahre alt, gehe in die 9. Klasse – und weiß seit drei Wochen, dass ich schwanger bin. Schwanger! Ein Kind! In meinem Kopf dreht sich alles. Ich habe doch nur einmal mit Kai geschlafen … so richtig toll war es nicht …

Und jetzt stehe ich da mit einem kleinen Wesen, das in meinem Bauch unaufhörlich heranwachsen wird und mich vor irre viele Aufgaben stellt …

1. **a) Versetze dich in die Lage von Janna hinein und beschreibe ihre weitere Gefühlslage.**
   b) Formuliere Fragen, die du dir (als Janna) in dieser Situation stellst, welche Wünsche und Träume du hast, wie du dir ein Leben mit Kind vor dieser Situation ausgemalt hast.
2. **Notiert als Gruppe zentrale Fragen, Zweifel, Ängste, die euch gerade beschäftigen, sowie Überlegungen zum weiteren Vorgehen.**
   (Hinweis: Es kann eine Entscheidung getroffen werden, sie muss aber noch nicht endgültig sein.)

Rolle: Jannas Mutter, 40 Jahre

Ich bin Maria, 40 Jahre alt und arbeite seit vier Jahren endlich wieder in meinem erlernten Beruf in Vollzeit. Ich habe gerne elf Jahre lang für die Betreuung und Erziehung meiner drei Kinder auf meinen Job verzichtet, freue mich aber umso mehr, jetzt endlich wieder ein „eigenes" Leben zu haben. Ich genieße es sehr, mein eigenes Geld zu verdienen und etwas anderes als den Haushalt zu sehen. Mit den Kindern, der 15-jährigen Janna, dem 12-jährigen Peter und dem 11-jährigen Max, klappt es super – alle helfen mit und wir sind ein eingespieltes Team. Doch vor zwei Wochen fand ich einen positiven Schwangerschaftstest von Janna. Ich habe doch gerade „mein Leben" wieder …

1. **a) Versetze dich in die Lage von Jannas Mutter hinein und beschreibe ihre weitere Gefühlslage.**
   b) Formuliere Fragen, die du dir (als Jannas Mutter) in dieser Situation stellst, welche Wünsche und Träume du hast, wie du dir ein Leben mit einem Teenager, der erwachsen wird, vorgestellt hast.
2. **Notiert als Gruppe zentrale Fragen, Zweifel, Ängste, die euch gerade beschäftigen, sowie Überlegungen zum weiteren Vorgehen.**
   (Hinweis: Es sollte eine klare Position formuliert und vertreten werden.)

Rollenkarten (2/3)

Rolle: zwei Elternteile von Schülern aus Jannas Klasse

Wir, Berthold und Anja, sind im Elternrat der Klasse 9, die auch Janna besucht. Neulich haben wir von unseren Kindern erfahren müssen, dass Janna schwanger sei. Mit 15! Also bitte! Ein Kind bekommt ein Kind. Sie weiß doch gar nicht, was auf sie zukommt. Uns soll es recht sein, aber nur, solange Janna die Schule verlässt – sie bringt sonst unsere Kinder auf dumme Gedanken!

1. a) Versetze dich in die Lage von den Eltern hinein und beschreibe ihre Gefühlslage.
b) Formuliere Fragen, die du dir als Elternteile stellst, welche Wünsche und Träume du hast, wie deine Kinder aufwachsen.

2. Notiert als Gruppe zentrale Fragen, Zweifel, Ängste, die euch gerade beschäftigen, sowie Überlegungen zum weiteren Vorgehen. *(Hinweis: Es sollte eine klare Position formuliert und vertreten werden.)*

Rolle: Beraterin für Schwangerschaftskonflikte

Ich, Michaela, arbeite schon lange Jahre in der Schwangerschaftskonfliktberatung und hatte häufig Teenager zu Gesprächen bei mir, die ihre Situation teils auch als „ausweglos" bezeichnen. Wichtig ist dabei immer, alle Möglichkeiten zu berücksichtigen und die Jugendlichen rechtlich, sozial und teilweise auch medizinisch umfassend zu beraten oder ihnen weitere Beratungsangebote zu vermitteln.

1. Versetze dich in die Lage der Beraterin hinein. Berichte aus deiner Erfahrung, die du während anderer Beratungen von Schwangeren in schwierigen Situationen gemacht hast.

2. Notiert als Gruppe zentrale Fragen, Zweifel, Ängste, die jugendliche Schwangere beschäftigen könnten, sowie Überlegungen zum weiteren Vorgehen. *(Hinweis: Es sollte eine klare Position vertreten werden.)*

Rolle: Kristin, beste Freundin und Klassenkameradin von Janna, 15 Jahre

Ich, Kristin, habe erst vor Kurzem erfahren, dass Janna, meine beste Freundin und Klassenkameradin, schwanger ist. Wie aufregend! So ein kleines, süßes Würmchen zu bekommen, mit dem man den ganzen Tag spielen kann und das zufrieden ist, wenn man sich um ihn kümmert. Ich weiß gar nicht, warum alle so in Aufregung sind … Jetzt auch noch die Klassenkonferenz … Obwohl es schon krass ist – hätte nicht gedacht, dass es so schnell geht, schwanger zu werden …

1. Versetze dich in die Lage von Kristin hinein: Deine beste Freundin ist schwanger.

2. a) Notiert als Gruppe zentrale Fragen, Zweifel, Ängste, die jugendliche Schwangere wie Janna beschäftigen könnten.
b) Was würdet ihr Janna als eure beste Freundin raten?
(Hinweis: Es sollte eine klare Position formuliert und vertreten werden.)

Rollenkarten (3/3)

Rolle: Ingrid Müller, Klassenlehrerin von Janna

Ich, Ingrid Müller, bin seit zwei Jahren die Klassenlehrerin von Janna. Es gibt mächtig Aufruhr um Jannas Schwangerschaft und es steht sogar die Forderung im Raum, Janna solle die Schule verlassen, wenn sie das Kind bekommt. Daher habe ich eine Klassenkonferenz einberufen, um die Möglichkeiten mit allen Beteiligten zu diskutieren. Zwar habe ich in meiner langjährigen Dienstzeit so eine Situation noch nicht erlebt, aber dem Kind muss doch geholfen werden! Janna fühlt sich in dieser Klasse wohl. Welche Beiträge kann ich dazu leisten?

1. **Versetze dich in die Lage von Frau Müller hinein.**
2. **a) Notiert als Gruppe zentrale Fragen, Zweifel, Ängste, die jugendliche Schwangere beschäftigen könnten.**
   b) Überlegt, welche Möglichkeiten ihr als Klassenlehrerin habt, um Janna zu unterstützen. Berücksichtigt dabei auch weitere Vorgehensmöglichkeiten und die Bedeutung des gewohnten Umfelds (Schule, Klassengemeinschaft, Freunde, Eltern ...).
   (Hinweis: Es sollte eine <u>klare Position</u> formuliert und vertreten werden.)

Rolle: Moderator der Klassenkonferenz „Janna ist schwanger"

Janna, 15 Jahre, geht in die 9. Klasse mit eher mäßigen schulischen Leistungen. Seit einer Woche ist in der Schule bekannt, dass sie schwanger ist. Diese Information versetzt alle direkt und indirekt Beteiligten in eine große Aufregung – in der gesamten Schule gibt es nur ein Thema! Um die Situation und ein mögliches weiteres Vorgehen für und mit Janna zu besprechen, findet eine Klassenkonferenz statt. An dieser nehmen folgende Personen teil:

- *Janna, 15, weiß nicht, was sie machen soll und wie sie ihre Schule „ordentlich" fortführen kann, wenn sie ein Kind haben sollte.*
- *Maria, Jannas Mutter, hat vor einigen Jahren wieder angefangen, in Vollzeit zu arbeiten. Sie freut sich darüber, dass ihre Kinder „aus dem Gröbsten raus sind" und selbstständiger werden.*
- *Berthold und Anja, zwei Elternratsvertreter der Klasse, sehen Jannas Schwangerschaft als Grund an, dass ihre und andere Kinder auf „dumme Gedanken" kommen können.*
- *Michaela, eine Beraterin der Schwangerschaftskonfliktberatung mit langjähriger Erfahrung, vertritt die Expertenmeinung.*
- *Kristin, beste Freundin und Klassenkameradin von Janna, freut sich riesig über Jannas Kind, um das man sich kümmern kann.*
- *Ingrid Müller, Klassenlehrerin, will Janna in jedem Fall unterstützen und bemüht sich um Verständnis und Mithilfe bei den anderen Beteiligten.*

1. **Versetze dich in die Rolle des Moderators dieser Klassenkonferenz hinein.**
2. **Notiert in der Gruppe Fragen, Impulse, mögliche Diskussionspunkte und gegebenenfalls Gesprächsregeln. Wichtig sind dabei vor allem Eröffnung und Beendigung der Konferenz.**
   (Hinweis: Bedenkt, dass der Moderator eine <u>neutrale Position</u> einnimmt, aber zielorientiert ist.)

Sexuelle Orientierung

Darum geht's

Sexuelle Orientierung in einer Altersklasse zu thematisieren, in der viele Lernende sich ggf. selbst damit auseinandersetzen, ist nicht immer leicht. Mit dieser Stunde wird ein Perspektivwechsel vollzogen, sodass die Schüler nicht zwangsläufig aus ihrer eigenen Rolle heraus argumentieren müssen. Insbesondere das Bild von Homosexualität in der Öffentlichkeit wird hier berücksichtigt.

Klassenstufe

9–10

Kompetenzerwartungen

Die Schüler können …

- sich anhand von Fallbeispielen in die Rolle eines Homosexuellen hineinversetzen und aus dieser Perspektive Gefühle und Ängste beschreiben.
- die Akzeptanz bzw. Toleranz von Homosexualität in der Öffentlichkeit/Gesellschaft anhand verschiedener Perspektiven beurteilen.

Material

- Folienvorlage „Homosexualität und Fußball" (S. 96)
- Arbeitsblatt „Nicks Gefühlslage" (S. 97)
- Arbeitsblatt „Simones Gefühlslage" (S. 98)
- Overheadprojektor

Vorbereitung

Kopieren Sie die Folienvorlage (S. 96) einmal auf Folie. Kopieren Sie zudem die beiden Arbeitsblätter (S. 97/98) je in halber Klassenstärke.

Stundenverlauf

Einstieg

ca. 7 Minuten

Präsentieren Sie mit der Folienvorlage (S. 96) Schlagzeilen zum Outing im Sportbereich. Sammeln Sie erste Eindrücke und Ideen der Schüler, verweisen Sie bei einer tiefer gehenden Diskussion auf die Reflexionsphase.

Erarbeitung

ca. 25 Minuten

Die Schüler bearbeiten arbeitsteilig mithilfe des Arbeitsblattes je ein Fallbeispiel („Nick", „Simone") und reflektieren dieses anhand eines Liedtextes oder einer Werbekampagne. Sie tauschen sich anschließend mit einem Partner, der das andere Fallbeispiel bearbeitet hat, aus und diskutieren in 2er-Gruppen die Akzeptanz von Homosexualität in der Öffentlichkeit.

Präsentation, Sicherung und Reflexion

ca. 10 Minuten

Die Schüler präsentieren ihre Ergebnisse anhand der Einstiegsfolie und diskutieren, inwiefern Homosexualität in der Öffentlichkeit (ggf. auch in anderen Kulturen) beurteilt und toleriert wird. Die Schüler zeigen Möglichkeiten und Perspektiven zu einem anderen Umgang auf und reflektieren das Männer- und Frauenbild.

Homosexualität und Fußball

Aus dem Abseits

Wer als Fußballprofi über die eigene Homosexualität sprechen will, der braucht viel Mut. Das ist ein Skandal.

(Quelle: www.zeit.de/2014/03/fussballprofi-homosexualitaet-outing)

Hitzlsperger hofft auf Outing aktiver Spieler

Thomas Hitzlsperger sieht sein Coming-out als Hilfestellung für andere Fußballspieler in Deutschland. Er hoffe, ihnen damit Mut gegeben zu haben, sich zu ihrer Homosexualität zu bekennen.

(Quelle: www.welt.de/sport/fussball/article123777067/Hitzlsperger-hofft-auf-Outing-aktiver-Spieler.html)

Nicks Gefühlslage

„Allmählich habe ich gemerkt, dass ich irgendwie anders war als die meisten Jungen in meiner Klasse. Nach ihren Erzählungen hatten sie schon unheimlich spannende Sachen mit Mädchen gemacht und die Mehrheit hatte eine Freundin. Als ein Schulfreund mal bei mir zu Besuch war und er von irgendwelchen Knuddeleien mit einem Mädchen erzählte, fühlte ich mich total beschissen. Er redete von Mädchen, großen Busen und so und ich lag neben ihm und hätte nichts lieber getan, als ihn anzufassen und ihn zu streicheln. Aber Angst und Unsicherheit waren natürlich zu groß, als dass ich es auch nur versucht hätte. In der nächsten Zeit war ich ziemlich down, weil ich mir nicht darüber klar war, was mit mir los ist."
(Nick, 21)

[...]
Manche Männer lieben Männer, manche Frauen eben Frauen
Da gibt's nichts zu bedauern und nichts zu staunen
Das ist genau so normal wie Kaugummikauen
Doch die meisten werden sich das niemals trauen
[...]

Auszug aus einem Songtext: Die Ärzte: M&F, Album „auch"

Aufgaben

1. a) Lies die Ausführungen von Nick aufmerksam und markiere zentrale Informationen zu seiner Gefühlslage.
b) Versetze dich in die Lage von Nick hinein und erläutere, welche Gefühle dich beschäftigen würden. Warum wärst du „in der nächsten Zeit down"?
c) Benenne die Reaktionen, die du in dem Moment und später erwarten würdest, wenn du deinen Schulfreund berühren würdest.
d) Erläutere, wie du reagieren würdest, wenn dein bester Freund bzw. deine beste Freundin sich outen würde.

2. Beziehe dich für die Beantwortung der folgenden Fragen entweder auf den Liedauszug oder das folgende Werbeplakat: www.umparkenimkopf.de/wer-schwul-ist-kann-nicht-Fussball-spielen
a) Erläutere mögliche Gründe, weshalb und in welchen gesellschaftlichen Situationen/ Gruppen es schwierig sein kann, sich als homosexuell zu outen.
b) Nimm kritisch Stellung zu dem Liedauszug oder dem Werbeplakat unter Berücksichtigung der Ergebnisse aus Aufgabe 1.

Simones Gefühlslage

„Zwei Jahre war ich mit Ulla zusammen. Niemand ahnte etwas davon und wir hatten beide panische Angst davor, entdeckt zu werden. Ich wusste, diese Freundschaft war genau das Richtige für mich, aber der pausenlose Druck von Familie und Kollegen machte uns zu schaffen. Unser Selbstbewusstsein war nicht ausreichend, um möglichen Diskriminierungen standzuhalten. Daran lag es wohl auch, dass ich nach unserer Trennung versuchte, wieder ein „normales" Leben zu führen. Ich ließ mich mit einem Kollegen ein, der mich als „Single" schon lange versuchte, „rumzukriegen". Diese Beziehung war die Hölle. Ich wusste ja, wo meine wahren Bedürfnisse liegen, aber ich zwang mich, mit einem Mann zusammen zu sein. Diese Zwickmühle zerstörte mich vollkommen, sodass ich schließlich mit einem Nervenzusammenbruch in die Psychiatrie eingeliefert wurde. Und erst dort machte mir die Ärztin klar, wie sinnlos mein Verhalten ist." (Simone, 25)

[…]
Manche Männer lieben Männer, manche Frauen eben Frauen
Da gibt's nichts zu bedauern und nichts zu staunen
Das ist genau so normal wie Kaugummikauen
Doch die meisten werden sich das niemals trauen
[…]

Auszug aus einem Songtext: Die Ärzte: M&F, Album „auch"

Aufgaben

1. a) **Lies die Ausführungen von Simone aufmerksam und markiere zentrale Informationen zu ihrer Gefühlslage.**
   b) **Versetze dich in die Lage von Simone hinein und erläutere, warum du dich und deine Bedürfnisse verstecken würdest. Weshalb wäre ein „normales" Leben für dich die Hölle?**
   c) **Benenne die Reaktionen, die du erwarten würdest, wenn du deine Beziehung zu Ulla öffentlich machen würdest.**
   d) **Erläutere, wie du reagieren würdest, wenn dein bester Freund bzw. deine beste Freundin sich outen würde.**
2. **Beziehe dich für die Beantwortung der folgenden Fragen entweder auf den Liedauszug oder das Werbeplakat „Wer schwul ist, kann nicht Fußball spielen ..." auf dieser Seite: https://s-f.com/arbeiten/case/opel-umparken-im-kopf/.**
   a) **Erläutere mögliche Gründe, weshalb und in welchen gesellschaftlichen Situationen/Gruppen es schwierig sein kann, sich als homosexuell zu outen.**
   b) **Nimm kritisch Stellung zu dem Liedauszug oder dem Werbeplakat unter Berücksichtigung der Ergebnisse aus Aufgabe 1.**

Bau und Funktion von Tieren

Bau und Funktion des Hundegebisses

Darum geht's

Anhand dieser Stunde erarbeiten die Schüler Schritt für Schritt das Basiskonzept „Bau und Funktion" am Beispiel des Hundegebisses und lernen das Lesen von Zahnformeln.

Klassenstufe

5–6

Kompetenzerwartungen

Die Schüler können …

- den Aufbau des Raubtiergebisses am Beispiel des Hundes beschreiben und erklären.
- die Funktionsweise und die unterschiedlichen Zahntypen begründen.
- Zahnformeln an einem Beispiel bestimmen und mithilfe ihres Wissens erläutern.

Material

- Folienvorlage „Wie ist das Gebiss des Hundes aufgebaut?" (S. 102)
- Folienvorlage „Das Raubtiergebiss am Beispiel Hund" (S. 102)
- Arbeitsblatt „Bau und Funktion des Hundegebisses" (S. 103)
- Arbeitsblatt „Hundegebiss und Zahnformel" (S. 104)
- Lösungskarte (S. 101)
- Folienstifte in den Farben Grün, Rot und Gelb
- wenn möglich Modell eines menschlichen Gebisses und ggf. Modell eines Hundegebisses
- Overheadprojektor

Vorbereitung

Kopieren Sie die Folienvorlagen (S. 102) auf eine Folie. Kopieren Sie zudem die Arbeitsblätter (S. 103/104) in Klassenstärke. Kopieren Sie die Lösungskarte 5-mal.

Vorkenntnisse

Die Schüler sollten grundlegend in das Thema „Hund" eingeführt sein und mit dem Basiskonzept „Struktur und Funktion" vertraut sein.

Stundenverlauf

Einstieg

ca. 7 Minuten

Präsentieren Sie die Abbildungen der verschiedenen Zahntypen des Hundes als Folie (S. 102). Die Schüler beschreiben die Abbildungen und nennen Vermutungen, um was es sich handelt könnte. Lenken Sie durch Impulse, wie z. B. durch die Erinnerung an das Thema der Reihe, die Schüler zur Stundenfrage. Diese könnte lauten „Wie ist das Hundegebiss aufgebaut und welche Funktionen haben seine Bestandteile?" Notieren Sie diese als Leitfrage an der Tafel. Leiten Sie in die Erarbeitungsphase über, indem Sie die weitere Vorgehensweise, z. B. das Lerntempoduett, erläutern.

Erarbeitung

ca. 20 Minuten

Die Schüler bearbeiten in Einzelarbeit die Aufgaben des Arbeitsblattes „Bau und Funktion des Hundegebisses" (S. 103) und ordnen in einem Lückentext den Zahntypen die entsprechenden Funktionen zu. Schüler, die diese Arbeit erledigt haben, sammeln sich an einer Stelle, kontrollieren die Lösung und bilden mit dem nächsten Schüler, der fertig ist, ein Team für den zweiten Teil der Erarbeitungsphase. Die Teams erhalten das Arbeitsblatt „Hundegebiss und Zahnformel" (S. 104), tauschen sich über die Ergebnisse der Einzelarbeit aus und vertiefen dann ihr Wissen mit den folgenden Aufgaben.

Präsentation und Sicherung

ca. 15 Minuten

Legen Sie die Folie mit der schematischen Abbildung eines Raubtiergebisses auf (S. 102) und halten Sie die farbigen Folienstifte bereit. Je ein Schüler beschriftet einen Zahntyp, markiert ihn in der richtigen Farbe und erläutert knapp seine Funktion. Die Lerngruppe kontrolliert ihre Lösung. Besprechen Sie anschließend gemeinsam die Zahnformel eines Hundes anhand der schematischen Abbildung auf der Folie und, wenn möglich, den Gebissmodellen. Zum Teil kann hier eine kurze Skizze an der Tafel hilfreich sein, die die Schüler noch einmal Schritt für Schritt durch das Hundegebiss leitet und die Seitenzuordnung (links, rechts) verdeutlicht. Je nach Einstiegsphase kann abschließend Bezug genommen werden auf die genannten Vermutungen und eine Antwort auf die Stundenfrage formuliert werden.

Lösungskarte:

1. Fangzähne
2. Reißzähne
3. zerreißen und zerkleinern
4. Knochen
5. Fleischreste von den Knochen

Wie ist das Gebiss des Hundes aufgebaut?

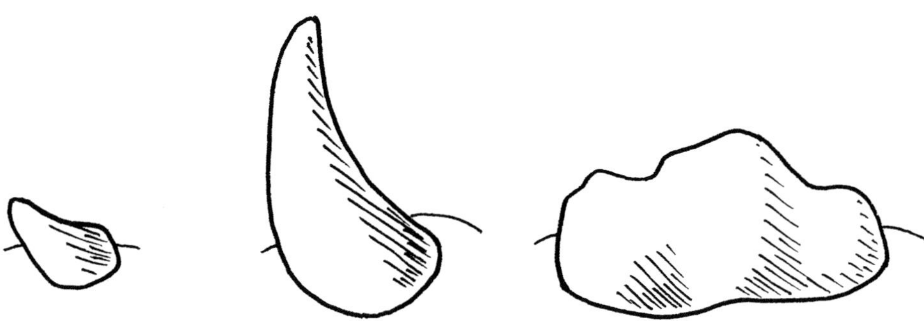

Zahntypen des Hundes

25 Bau und Funktion von Tieren | **Bau und Funktion des Hundegebisses** | Folienvorlage

Das Raubtiergebiss am Beispiel Hund

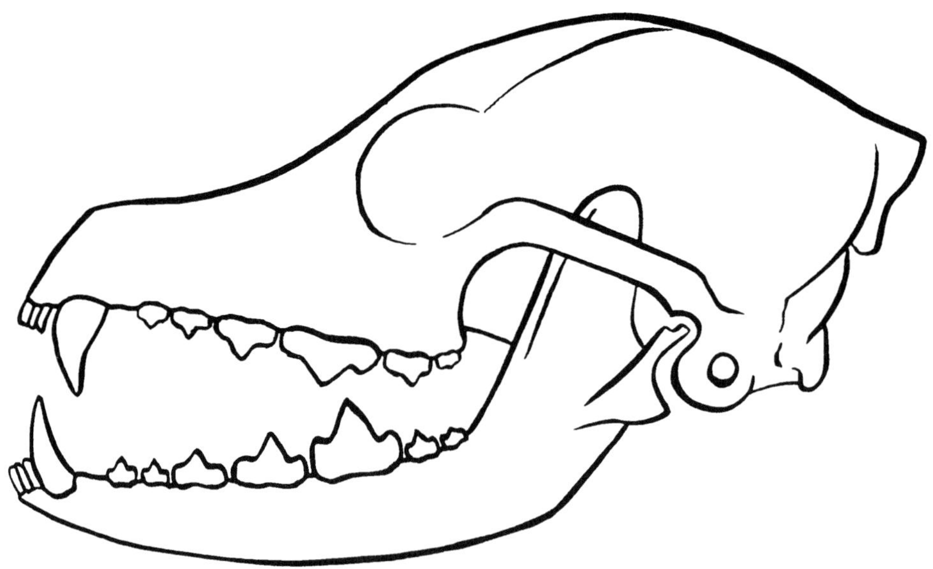

Raubtiergebiss des Hundes, schematisch

102 | 30 x 45 Minuten | **Biologie** | © Verlag an der Ruhr | Autorin: Julia Dankbar | Abb.: © Astrid Wilkesmann | ISBN 978-3-8346-2927-2 | www.verlagruhr.de

Bau und Funktion des Hundegebisses

Hunde gehören zu den Säugetieren. Nach der Geburt werden die kleinen Welpen etwa fünf Wochen lang von der Hündin gesäugt. Wie bei allen Säugetieren enthält die Muttermilch alle Stoffe, die für das Wachstum und die Entwicklung der Welpen notwendig sind. Nach der Entwöhnung von der Muttermilch müssen die jungen Hunde ihr Gebiss einsetzen.
Die **Eckzähne** sind als dolchartige .... ausgebildet. Sie dienen dem Packen, Festhalten und Töten der Beute. Die größten **Backenzähne** im Ober- und Unterkiefer, die ...., besitzen scharfkantige Höcker. Die Backenzähne arbeiten bei Bewegungen von Oberkiefer und Unterkiefer wie eine Schere, dabei .... sie Fleischstücke. Mithilfe der hinteren Backenzähne kann ein Hund auch größere Fleischstücke zerschneiden und .... zermahlen. Die kleinen, flachen **Schneidezähne** dienen als Feinwerkzeug. Mit ihnen kann der Hund .... zupfen.
Ein Gebiss, das wie das eines Hundes aufgebaut ist, nennt man **Fleischfressergebiss** oder **Raubtiergebiss**.
Auch der Mensch besitzt Schneidezähne, Eckzähne und Backenzähne, aber sie sehen anders aus als beim Hund. Das liegt daran, dass der Mensch eine andere Nahrung zu sich nimmt als der Hund. Daher müssen die Zähne des Menschen zum Teil auch etwas anderes leisten. Ein solcher Zusammenhang zwischen Bau und Aufgabe ist in der Biologie sehr oft zu entdecken. Man spricht vom **Basiskonzept Struktur und Funktion**.

Wortvorgaben für Lückentext

- Fleischreste von den Knochen
- Knochen
- zerreißen und zerkleinern
- Reißzähne
- Fangzähne

Aufgaben

1. **Ergänze mithilfe der Wortvorgaben die Lücken im Text.**
   Tipp: Denke genau darüber nach, wie die Zähne jeweils aussehen könnten.

Wenn du mit dieser Aufgabe fertig bist, komme zum Pult und kontrolliere deine Lösung.

Hundegebiss und Zahnformel

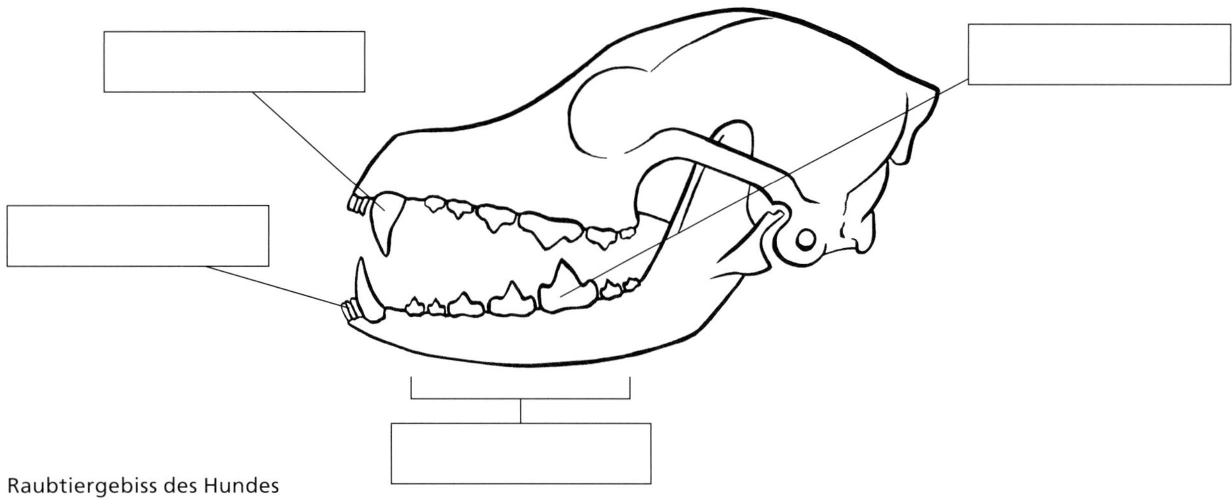

Raubtiergebiss des Hundes

Ein Gebiss kann durch eine **Zahnformel** gekennzeichnet werden. Die Zahnformel gibt die Anzahl der verschiedenen Zahntypen im Oberkiefer und Unterkiefer an. Ein Mensch besitzt rechts und links im Oberkiefer beziehungsweise Unterkiefer je zwei Schneidezähne, einen Eckzahn und fünf Backenzähne. Die Zahnformel des *Menschen* lautet:

	rechts			links		
	Backenzähne	Eckzähne	Schneidezähne	Schneidezähne	Eckzähne	Backenzähne
Oberkiefer	5	1	2	2	1	5
Unterkiefer	5	1	2	2	1	5

Aufgaben

2. a) **Beschriftet die Zahntypen in der Abbildung.**
   b) **Malt anschließend die Zähne des Gebisses farbig aus: Schneidezähne in Gelb, Eckzähne in Rot und Backenzähne in Grün.**

3. **Wie lautet die Zahnformel für den Hund? Schaue dir zum Vergleich die Zahnformel des Menschen an. Auch die Abbildung kann dir beim Erstellen der Zahnformel des Hundes helfen.**

Zahnformel des *Hundes*:

	rechts			links		
	Backenzähne	Eckzähne	Schneidezähne	Schneidezähne	Eckzähne	Backenzähne
Oberkiefer						
Unterkiefer						

  ISBN 978-3-8346-2927-2 | www.verlagruhr.de

Ein Hund als Geschenk?

Darum geht's

Viele Kinder wünschen sich einen Hund. Aber ist das auch wohlüberlegt? Mit dieser Stunde lernen die Schüler, abzuwägen, was es bedeutet, sich für einen Hund zu entscheiden, und reflektieren ggf. ihre eigenen Wünsche.

Klassenstufe

5–6

Kompetenzerwartungen

Die Schüler können …

- die Haltungsbedingungen bei einem Hund benennen.
- Argumente für und gegen eine Tieranschaffung abwägen und begründet Stellung nehmen.

Material

- Arbeitsblatt „Was spricht für oder gegen einen Hund?" (S. 106)

Vorbereitung

Kopieren Sie das Arbeitsblatt (S. 106) in Klassenstärke.

Vorkenntnisse

Den Schülern sollten grundlegende Informationen zum Thema „Hund" bekannt sein. Darin inbegriffen sind auch Grundkenntnisse zu Bewegungsbedarf, Kosten und Pflege.

Stundenverlauf

Einstieg

ca. 7 Minuten

Informieren Sie Ihre Schüler im Einstieg mit Bezug auf das Thema der Unterrichtsreihe über folgende Ausgangssituation: *Felix, elf Jahre alt, wünscht sich seit Langem einen Hund. Seine Großeltern wollen ihm zum Geburtstag gerne einen schenken, doch seine Eltern zweifeln noch. Bei seiner Recherche im Internet stößt Felix auf verschiedene Hinweise und Meinungen, die ihm bei der Entscheidung helfen sollen.* Leiten Sie über in die Erarbeitungsphase und verteilen Sie das Arbeitsblatt (S. 106).

Erarbeitung

ca. 25 Minuten

Die Schüler lesen zunächst ohne Markierungen zwei Textausschnitte, die jeweils stärker einer Pro- bzw. Kontra-Position zuzuordnen sind, aber nicht ausschließlich Argumente für oder gegen ein geschenktes Tier enthalten. Die Vor- und Nachteile eines Hundes werden von den Schülern durch farbige Unterstreichungen während des zweiten Lesens ermittelt und in eigenen Worten in eine Tabelle übertragen. Da Hunde ein beliebtes und häufiges Haustier sind, können die Schüler aufgrund ihres Vorwissens eigene, weitere Argumente ergänzen. Die Schüler tauschen sich kurz mit einem Partner aus und wägen die Argumente ab. Aufgrund der Ergebnisse schreiben sie in Einzelarbeit einen Brief an Felix, um ihn beratend zu unterstützen.

Präsentation und Sicherung

ca. 10 Minuten

Etwa vier Schüler lesen – in Abhängigkeit von Zeit und Ausführlichkeit – ihren Brief an Felix vor. Die Zuhörer geben den Präsentierenden ein positives Feedback, wobei v. a. auf den Textbezug und auf die Argumentationsweise zu achten ist. Abschließend sollte noch einmal zusammenfassend formuliert werden, dass die Anschaffung und Haltung eines Haustieres wohlüberlegt sein muss. Zugleich muss deutlich werden, dass ein solches Geschenk nur in Absprache mit dem zukünftigen Halter möglich sein kann.

Was spricht für oder gegen einen Hund?

Felix, elf Jahre, wünscht sich nichts mehr als einen kleinen Hund zum Geburtstag. Bei seiner Suche im Internet nach Pflege und Haltung eines Hundes hat er diese beiden Artikel entdeckt.

Hunde verbessern die schulischen Leistungen
Kinder mit einem Hund in der Familie zeigen bessere schulische Leistungen als Kinder ohne einen Hund. Das hat eine wissenschaftliche Untersuchung bei 400 deutschen Familien ergeben. Und das sagt die Studie noch: Ein Hund erhöht die Lust am Lernen und an Leistung. Kinder mit Hund machen länger und intensiver Hausaufgaben. Sie sind weniger aggressiv und weniger egoistisch. Und sie sind aufgeschlossener für Argumente anderer. Ein Hund fördert das Verantwortungsbewusstsein, die Arbeitsdisziplin und die Fähigkeit, Probleme zu lösen. Er vermittelt aber auch seelische Ausgeglichenheit und Wohlbefinden.
Mit einem Hund an der Seite fühlen sich viele Kinder wohl. Der Hund ist Freund und Spielkamerad zugleich. Er kann Lebensfreude vermitteln und Einsamkeit verhindern. Einigen gibt er auch mehr Selbstsicherheit. Ein Hund verbessert deutlich die Lebensqualität von Frauchen oder Herrchen. Und das spiegelt sich nach außen wider. Das heißt: Hundebesitzer erleben sich lebensfroher und zufriedener.

Einen Hund zu halten, bedeutet viel Arbeit
Viele Kinder wünschen sich einen Hund. Sie sind sich jedoch oft nicht bewusst, wie viel Arbeit die Haltung eines Tieres macht. Hunde benötigen Zeit. Man muss bei Wind und Wetter mit ihnen rausgehen. Außerdem sind Hunde teuer. Hat man einen Hund, kommen Kosten für Futter, Tierarzt und die Hundesteuer auf einen zu.
Wenn man in den Urlaub fahren möchte, kann man nur an Orte fahren, an die man den Hund mitnehmen kann. Man kann den Hund auch in eine Hundepension geben, aber eine solche Unterbringung ist sehr teuer.
Man muss sich auch darüber im Klaren sein, dass Hunde bis zu 15 Jahre alt oder sogar älter werden. Das heißt, dass man mit einem Hund über viele Jahre beschäftigt ist und die Verantwortung für das Tier nicht so einfach abgeben kann.
Hält man einen Hund in der Wohnung, muss man deutlich mehr putzen, da so ein Tier viele Haare verliert.
Man sieht, dass auf einen Hundehalter viele Pflichten zukommen!

Aufgaben

1. Lies die beiden Texte aufmerksam durch, ohne sie zu markieren.

2. a) In den Texten werden viele Vorteile und Nachteile genannt, die die Haltung eines Hundes betreffen. Unterstreiche alle Vorteile in grün und alle Nachteile in rot.
b) Lege eine Tabelle an, in der du in Stichworten die Vorteile und Nachteile in eigenen Worten gegenüberstellst.
c) Tausche dich mit deinem Partner über die Notizen in der Tabelle aus und ergänzt gemeinsam weitere Argumente.
d) Was würdest du Felix raten? Soll er bei seinem Geburtstagswunsch bleiben oder nicht? Schreibe einen kurzen Antwortbrief, in dem du ihm deine Meinung erklärst.

Bau und Funktion eines Hühnereies

Darum geht's

Praktisches Arbeiten mit alltäglichen Gegenständen erleichtert für viele Schüler den Zugang zur naturwissenschaftlichen Arbeitsweise. In dieser Stunde präparieren die Schüler in Teams und mithilfe einer Anleitung ein Hühnerei und beschreiben dessen Bau und Funktion.

Klassenstufe

5–6

Kompetenzerwartungen

Die Schüler können ...

- fragengeleitet einfache Versuche durchführen und ihre Beobachtungen protokollieren.
- das Basiskonzept Struktur und Funktion am Beispiel des Hühnereies herleiten.
- die Bestandteile eines Hühnereies und deren Funktion für die Kükenentwicklung benennen.

Material

- Experimentierblatt „Untersuchung von Bau und Funktion eines Hühnereies" (S. 108)
- Versuchskästen in halber Klassenstärke mit folgenden Materialien: 1 gekochtes Ei, 1 rohes Ei, 2 Petrischalen, Watte, 1 Messer, 1 Schere, 1 Pinzette, 1 Lupe, Papiertücher
- dicker Filzstift 1 DIN-A3-Blatt

Vorbereitung

Malen Sie auf ein DIN-A3-Blatt den Umriss eines Hühnereis. Zerschneiden Sie das Blatt in einzelne Puzzleteile. Markieren Sie die gekochten Eier mit einem Stift. Im Internet finden Sie unter den Stichworten „Aufbau Hühnerei" viele Vorlagen für die Skizze zur Darstellung der einzelnen Bestandteile.

Vorkenntnisse

Die Schüler sollten mit den Grundlagen des praktischen Arbeitens in der Biologie vertraut sein.

Stundenverlauf

Einstieg

ca. 5 Minuten

Verteilen Sie unter den Schülern die einzelnen Puzzleteile und lassen Sie sie an der Tafel zusammenfügen, sodass sie die Form eines Eies ergibt. Die Schüler benennen die dargestellte Form und stellen einen Zusammenhang zur Unterrichtseinheit (Vögel bzw. Hühner) her. Leiten Sie gemeinsam mit den Schüler die Stundenfrage, z. B. „Wie ist ein Hühnerei aufgebaut und welche Aufgaben haben seine Bestandteile?", in einem fragendentwickelndem Verfahren her. Notieren Sie die Stundenfrage und organisieren Sie durch Information die Erarbeitungsphase.

Erarbeitung

ca. 30 Minuten

Die Schüler präparieren in 2er-Teams mithilfe des Experimentierblattes (S. 108) sowie den Materialien ein Hühnerei.

Präsentation und Sicherung

ca. 10 Minuten

Skizzieren Sie an der Tafel eine schematische Darstellung eines Hühnereies, die die Schüler in ihr Heft übernehmen. Je ein Schüler benennt einen Bestandteil sowie dessen Funktion und trägt ihn an der Zeichnung ein. Dabei kann man noch einmal auf die Beobachtungen eingehen.

Tipps/Variationen/Anschlussmöglichkeiten

Alternativ bietet sich statt der Skizze an der Tafel die Erstellung eines Arbeitsblattes an, das dann auch in der Hausaufgabe bearbeitet werden kann.

Untersuchung von Bau und Funktion eines Hühnereies

Du benötigst folgende Materialien

- 1 rohes und 1 gekochtes Ei
- 2 Petrischalen
- 1 Pinzette
- 1 Schere
- 1 Lupe
- 1 Messer
- etwas Watte
- Papiertücher

Aufgaben

1. **Rolle ein rohes und ein gekochtes Ei vorsichtig hin und her.**
   a) Beschreibe deine Beobachtungen.
   b) Erkläre deine Beobachtung. Welchen Vorteil hat diese für ein Küken, das sich im Ei entwickelt?
2. **Schaue dir das Äußere des Eies insgesamt und die Schale mit der Lupe genau an.**
   a) Notiere deine Beobachtungen.
   b) Erkläre, warum die Schale so aufgebaut ist.
3. **Lege das rohe Ei auf ein wenig Watte in eine Petrischale. Schlage mit der Scherenspitze vorsichtig ein kleines Loch in das Ei und schneide dann ein Stück Schale heraus. Du solltest nun gut hineinsehen können. Lasse einen Teil des Eiklars in eine andere Petrischale abfließen.**
   a) Benenne die Teile, die du erkennen kannst.
   b) Auf dem Dotter erkennst du einen weißen Fleck. Bei einem befruchteten Ei handelt es sich um die Keimscheibe. Wippe das Ei leicht hin und her. Beobachte, was mit der Keimscheibe passiert, und notiere dies.
   c) Erkläre deine Beobachtungen.
4. **Stich mit der Pinzette in den Dotter.**
   a) Beschreibe deine Beobachtungen.
   b) Beschreibe, wie Dotter und Eiklar vorher voneinander getrennt waren und wie sie jetzt vorliegen.
5. **Schäle das gekochte Ei einseitig ab (der Länge nach). Beschreibe deine Beobachtungen.**
6. **Schneide nun das gekochte Ei der Länge nach durch und vergleiche es mit deinen Beobachtungen eines rohen Eies.**

Sind alle Aufgaben bearbeitet, helfen alle Gruppenmitglieder mit, die verwendeten Materialien ordentlich und sauber wegzuräumen.

 © Verlag an der Ruhr | Autorin: Julia Dankbar | ISBN 978-3-8346-2927-2 | www.verlagruhr.de

„Glückliche Hühner?"

Darum geht's

Die Schüler können meist mithilfe ihres Vorwissens beschreiben, dass einige Haltungsformen schlechter oder besser für die Hühner sind. Wichtig für die differenzierte Beurteilung ist jedoch ein kriteriengeleiteter Vergleich, der in dieser Doppelstunde anhand eines Gruppenpuzzles zu den verschiedenen Haltungsbedingungen angestrebt wird.

Klassenstufe

5–6

Kompetenzerwartungen

Die Schüler können ...

- längere Texte fragengeleitet untersuchen und anhand von Vergleichskriterien entschlüsseln.
- das eigene Wissen fach- und adressatengerecht präsentieren.
- Präsentationen anderer Schüler folgen und eigene Notizen vervollständigen.
- die Haltungsbedingungen der Hühner kriteriengeleitet vergleichen und beurteilen.

Material

- 6 Eier mit verschiedenen Stempelaufdrucken (aus den verschiedenen Haltungsformen „Freiland", „Boden", „Kleingruppen")
- 1–2 Eierkartons
- Arbeitsblatt „Hühner in Freilandhaltung" (S. 111)
- Arbeitsblatt „Hühner in Bodenhaltung" (S. 112)
- Arbeitsblatt „Hühner in Kleingruppenhaltung" (S. 113)
- Arbeitsblatt „Vergleich der Haltungsformen" (S. 114)

Vorbereitung

Kopieren Sie die drei Arbeitsblätter (S. 111–113) zu je $^1/_3$ der Klassenstärke. Nummerieren Sie diese Arbeitsblätter jeweils mit 1 beginnend. Beispiel bei 27 Schülern: Jedes Arbeitsblatt von 1–9 nummerieren. Kopieren Sie zudem das Arbeitsblatt „Vergleich der Haltungsformen" (S. 114) in Klassenstärke.

Vorkenntnisse

Die Schüler sollten über grundlegende methodische Kenntnisse des Gruppenpuzzles verfügen und in der Bestimmung von Vergleichskriterien geübt sein. Falls dies nicht der Fall ist, empfiehlt sich als Zwischenschritt die genannte Vorarbeit unter Tipps (s. u.). Weiterhin sollten die Schüler inhaltlich über (grobe) Vorkenntnisse der natürlichen Lebensbedingungen eines Huhns verfügen.

Stundenverlauf

Einstieg

ca. 10 Minuten

Verteilen Sie die leeren Eierkartons und die Eier mit verschiedenen Aufdrucken in der Klasse und lassen Sie die Schüler beschreiben, was zu sehen ist. Sammeln Sie die Beschreibungen von ein bis zwei Stempelaufdrucken an der Tafel. Die Schüler, die die Eierkartons erhalten haben, entschlüsseln die Aufdrucke und benennen die unterschiedlichen Haltungsformen. Ergänzen Sie das Tafelbild dementsprechend.
Die Schüler werden sich hinsichtlich der „besseren" und „schlechteren" Haltungsform äußern. Leiten Sie dann zu der Frage über, wie überhaupt beurteilt werden kann, was „besser" oder „schlechter" ist und was zunächst dazu zu klären ist. Sammeln Sie mit den Schülern Vergleichskriterien an der Tafel oder geben Sie diese vor (z. B. Platzangebot, Nahrung, Schlaf- und Nistplätze, Verhalten, Besonderheiten; untereinander schreiben). Ergänzen Sie die verschiedenen Haltungsformen, die die Schüler bearbeiten werden, in tabellarischer Form an der Tafel (s. u.). Die Tabelle

notiert jeder Schüler mit ausreichend Platz zum Schreiben in sein Heft. Informieren Sie die Schüler über das weitere Vorgehen bzgl. der Methode des Gruppenpuzzles.

Erarbeitung

ca. 60 Minuten

Die Schüler bearbeiten in Einzelarbeit jeweils eines der drei Arbeitsblätter (S. 111, 112 oder 113) und damit jeweils eine Haltungsform. Sie sollen sich dabei die wichtigsten Informationen zu ihrer Haltungsform und dem jeweiligen Kriterium in ihrer Tabelle notieren. Anschließend treffen sich die Schüler, die das gleiche Thema bearbeitet haben, in 3er-Teams, um sich mit weiteren Lernenden auszutauschen. Die Schüler überprüfen und ergänzen ggf. ihre Notizen und bereiten sich gemeinsam auf eine Präsentation vor.
Nun treffen sich die Schüler in themengemischten 3er-Gruppen (Zuordnung nach Zahlen) und präsentieren der Reihe nach ihre Haltungsformen (siehe Arbeitsblatt S. 114). Die Zuhörer machen sich Notizen. Im Anschluss vergleichen sie gemeinsam die Haltungsformen und bestimmen begründet diejenige, die sie für artgerecht halten.

Präsentation und Sicherung

ca. 15 Minuten

Verweisen Sie auf die Tabelle an der Tafel und fordern Sie die Schüler auf, zu begründen, welche der Haltungsformen sie für geeignet und artgerecht halten. Als Unterstützung kann an der Tafel mit roter und grüner Kreide gearbeitet werden, um die erarbeiteten Inhalte in der Tabelle zu veranschaulichen. Abschließend formulieren die Schüler in Einzelarbeit eine zusammenhängende und begründete Antwort auf die Frage, welche Haltungsform „besser“ oder „schlechter“ für eine artgerechte Hühnerhaltung ist. Sammeln Sie zwei bis drei Antworten im Plenum.

Tipps/Variationen/Anschlussmöglichkeiten

- Falls es der Lerngruppe schwerfällt, Oberbegriffe oder Vergleichskriterien zu benennen, können diese entweder durch die Lehrperson vorgegeben werden oder anhand des Bankivahuhns als Vorfahre erarbeitet werden (vgl. „Bankivahuhn – wilde Verwandte unserer Haushühner“, Landesakademie für Fortbildung und Personalentwicklung an Schulen, 2010, http://lehrerfortbildung-bw.de/faecher/bio/gym/fb3/2_klasse5_6/7_haltung/ab1/).
- Führen Sie eine Methodenreflexion zum Gelingen eines Gruppenpuzzles durch.
- Als Hausaufgabe bietet sich eine Recherche der Eierpreise von verschiedenen Haltungsformen an, um diese in der Folgestunde noch einmal zu vertiefen.

Beispiel für Tafelbild Tabelle: Vergleich der Haltungsformen

	Freilandhaltung	Bodenhaltung	Kleingruppenhaltung
Platzangebot			
Nahrung			
…			

Hühner in Freilandhaltung

Eine echte Hühnerschar kann man heute noch auf manchen Bauernhöfen beobachten, dies nennt man Freilandhaltung. Die Gruppe besteht in der Regel aus 10–15 Hennen und einem Hahn. Die Tiere kennen sich untereinander und der Stärkere in der Gruppe wird respektiert, d.h., es besteht eine klare Hackordnung. Die Hühner entfernen sich meist nicht weiter als 50 Meter vom Stall, sodass sie ihn immer noch erkennen können.
Diese Hühner können sich frei bewegen und jedes einzelne hat viel Platz. Es ist vorgeschrieben, dass jedem Huhn mindestens vier Quadratmeter Auslauffläche zur Verfügung stehen muss. Hinzu kommt ein ausreichend großer Stall für alle Hühner. Außerdem sollten sowohl die Freifläche als auch der Stall tagsüber frei zugänglich sein, d.h. dass jedes Huhn selbst entscheiden kann, wo es sich gerade aufhält.
Im Auslauf suchen die Hühner ihre Nahrung zunächst selbst: Würmer, Insekten und Samen, die sie am Boden finden, gehören zu ihrem Speiseplan. Zudem erhalten sie eine tägliche Körnerration, damit alle Hühner genügend Futter bekommen. Bei der Suche nach Nahrung scharren und kratzen sie im Boden. Darüber hinaus nehmen sie Staubbäder und pflegen ihr Gefieder, um es von Parasiten rein zu halten.
Meist sind auf der Wiese, auf der die Hühner gehalten werden, auch Bäume oder Sträucher. So können sie dort oder im Stall Deckung und Schutz suchen, z.B. bei Gefahr aus der Luft durch Greifvögel oder schlechtem Wetter. Bei Einbruch der Dunkelheit gehen die Hühner in den Stall. Dieser ist auf dem Boden mit weicher Einstreu ausgestattet und es sind Sitzstangen in unterschiedlichen Höhen angebracht. Auf diese Stangen flattern die Hühner vor allem abends, kommen zur Ruhe, stecken den Kopf unter den Flügel und schlafen ein. Auch zur Eiablage nutzen die Hühner den Stall, denn dort sind die Nester angelegt, die mit Heu, Stroh oder anderen weichen Naturmaterialien gepolstert sind. Die Eier werden vom Hühnerhalter 1- oder 2-mal täglich eingesammelt.
1- bis 2-mal im Jahr wird eine Haushenne „brütig", sodass man ihr die Eier nicht mehr wegnehmen kann. Sie bleibt auf dem Gelege sitzen und verlässt es nur noch sehr selten bis die Küken schlüpfen. Diese wachsen bei ihrer Mutter auf.
Eine ähnliche Haltungsform liegt bei der Bio-Freilandhaltung vor. Sie wird auch ökologische Freilandhaltung genannt. Hierbei gibt es für die Hühnerhalter besondere Vorgaben. Die Hühner dürfen z.B. nur biologisch angebautes Futter fressen. Dieses Futter darf daher auch nicht mit Giftstoffen zur Bekämpfung von Schädlingen gespritzt worden sein. Bei Krankheit dürfen die Tiere keine Antibiotika als Medikamente bekommen, sondern nur pflanzliche Mittel. Auch die Küken, die in der ökologischen Haltung leben, müssen von Hühnern stammen, die ebenfalls in dieser Form der ökologischen Freilandhaltung leben.

Aufgaben

1. **Lies den Text aufmerksam und markiere wichtige Textstellen, die Informationen zu den Vergleichskriterien enthalten.**
2. **Übertrage in eigenen Worten die Informationen aus dem Text in deine Tabelle.**
3. **a) Tausche dich mit anderen Schülern aus, die das gleiche Arbeitsblatt wie du bearbeitet haben. Überprüfe und ergänze gegebenenfalls deine Notizen.**
   b) Bereitet gemeinsam eine Präsentation vor.

Hühner in Bodenhaltung

Bei der Bodenhaltung leben oft mehrere Hundert Hühner, die alle gleich alt sind, in einem Stall zusammen. Immer häufiger sind es riesige Hallen mit bis zu 6000 Tieren. Hähne sucht man hier vergeblich – sie werden bereits als Küken aussortiert.
Die Tiere können sich frei in dem Stall bewegen, auf dem Boden scharren und picken. Das geht allerdings nur, wenn es die anderen Tiere zulassen, das ist die sogenannte Pickordnung. Auf einem Quadratmeter Stallfläche dürfen höchstens neun Hühner gehalten werden. Es ist vorgeschrieben, dass ein Drittel des Bodens mit Sand oder Streu ausgestattet sein muss, damit die Hühner ab und zu im Staub „baden" können. Manchmal reicht der Platz auch aus, um kurze Strecken zu flattern oder die Flügel auszustrecken.
Im Stall gibt es automatisch gesteuerte Vorrichtungen zur Bereitstellung von Futter und Wasser, an welche die Hühner ungestört herankommen. Nachts können die Hennen sich auf Sitzstangen setzen und schlafen. Häufig gibt es nur sehr wenige Sitzstangen, die wegen der besseren Sauberkeit aus Metall bestehen. Deshalb kann es sehr lange dauern, bis jede Henne einen Platz gefunden hat, oder das Tier muss die Nacht auf dem Boden verbringen. Eine Klimaanlage sorgt für die nötige Belüftung des Stalles und eine gleichbleibende Temperatur. Mit automatischer Beleuchtung wird der Tag-Nacht-Rhythmus nachgeahmt.

Die Hennen legen ihre Eier in Gemeinschaftsnester. Die Nester müssen sie sich mit sieben bis zehn anderen Hühnern teilen. Es gibt dabei Einstreunester aus Heu und Stroh oder sogenannte Abrollnester. Diese bestehen aus Draht und die Eier rollen direkt in eine Rinne. Die Nester befinden sich am Rand des großen Stalles, damit die Eier leichter eingesammelt werden können. Wenn die Hennen älter werden und nicht mehr genügend Eier legen, werden sie geschlachtet. Danach wird der gesamte Stall gereinigt und desinfiziert und erst dann können neue Hennen dort eingesetzt werden.
Die Küken, die in Bodenhaltung leben, werden nicht von den Hennen selbst ausgebrütet und aufgezogen, sondern schlüpfen meist in elektrisch beheizbaren Brutschränken. Sie werden dann in Kleingruppen herangezogen, bis sie auch in einen Bodenhaltungsstall umgesetzt werden können.

Aufgaben

1. **Lies den Text aufmerksam und markiere wichtige Textstellen, die Informationen zu den Vergleichskriterien enthalten.**
2. **Übertrage in eigenen Worten die Informationen aus dem Text in deine Tabelle.**
3. **a) Tausche dich mit anderen Schülern aus, die das gleiche Arbeitsblatt wie du bearbeitet haben. Überprüfe und ergänze gegebenenfalls deine Notizen.**
   b) Bereitet gemeinsam eine Präsentation vor.

Hühner in Kleingruppenhaltung

Bei der Kleingruppenhaltung leben meist 30 Legehennen in einem Käfig zusammen. Mehrere dieser Käfige werden in der Regel zu einer sogenannten „Legebatterie“ gestapelt. Hähne gibt es hier keine – sie werden als Küken aussortiert.
Jedes Huhn hat insgesamt eine Fläche von 1,5 DIN-A4-Seiten zur Verfügung. Diese Fläche verteilt sich auf die drei Bereiche, in die der Käfig unterteilt ist: Es gibt einen Teil mit Einstreu zum Picken und Scharren; für ein Staubbad reicht der Platz aufgrund der großen Anzahl von Hennen aber meist nicht aus. In einem weiteren Teil befindet sich eine abgedunkelte Nische, in der sich die Nester befinden, sodass sich die Hühner für die Eiablage dorthin zurückziehen können. Der dritte Teil hat einen Drahtgitterboden. Außerdem sind in diesem Bereich kleine, erhöhte Sitzstangen angebracht, auf denen wenige Hühner Platz finden. Eine Klimaanlage sorgt permanent für eine Belüftung des Stalles und eine konstante Temperatur.
Kleingruppenhühner stehen die meiste Zeit des Tages auf Drahtgittern, durch die der Kot nach unten fällt. Ihre Flügel können sie kaum bewegen, weil die Käfige so eng sind. Durch die enge Haltung versuchen die Tiere oft, sich zu hacken. Um sie daran zu hindern und zu vermeiden, dass sie sich verletzen, kürzt man ihnen die Schnäbel. Oft zeigen die Hühner jedoch noch ein anderes unnormales Verhalten: Sie rupfen sich selbst oder ihren Artgenossen vor Langeweile die Federn aus.
Wasser und Futter – bestehend aus Getreidekörnern und Gesteinsmehl – werden vollautomatisch über Rinnen zu den Hennen geleitet. Um es zu erreichen, müssen die Hühner ihre Hälse zwischen den Käfigdrähten hindurchstecken. Oft werden dem Futter Medikamente untergemischt, da sich bei der Haltung von so vielen Tieren auf engem Raum Krankheiten schnell ausbreiten können. Zudem bringen weitere Mittel im Futter junge Hennen dazu, frühzeitig mit dem Eierlegen zu beginnen.
In Legebatterien findet man bestimmte Hühnerrassen, die so gezüchtet wurden, dass sie besonders viele Eier legen. Diese rollen dann von der Nestnische in eine Auffangrinne und auf ein Fließband, das die Eier zu einer Sammelstelle transportiert.

© moji1980 – Fotolia.com

Aufgaben

1. Lies den Text aufmerksam und markiere wichtige Textstellen, die Informationen zu den Vergleichskriterien enthalten.
2. Übertrage in eigenen Worten die Informationen aus dem Text in deine Tabelle.
3. a) Tausche dich mit anderen Schülern aus, die das gleiche Arbeitsblatt wie du bearbeitet haben. Überprüfe und ergänze gegebenenfalls deine Notizen.
   b) Bereitet gemeinsam eine Präsentation vor.

Vergleich der Haltungsformen

Info: Das Bankivahuhn

Das Bankivahuhn ist der natürliche Vorfahr des Haushuhns. Die Lebens- und Verhaltensformen lassen sich wie folgt beschreiben:
Lebensräume sind vor allem freies Land und Wälder in Asien. Der Boden ist sehr sandig und staubig. Das Huhn hat viel Platz zum Fliegen und lebt in kleinen Gruppen.
Die **Nahrung** setzt sich zusammen aus Samen, Früchten, Knospen, kleinen Blättern, Insekten und Regenwürmern. Immer wieder nimmt das Bankivahuhn auch Sandkörner auf, die für die Verdauung wichtig sind.

Als **Schlafplätze** werden vor allem die Äste im Wald genutzt. So sind sie vor Gefahren am Boden geschützt. Die Nester baut das Bankivahuhn in Bodenmulden.
Das natürliche **Verhalten** eines Huhns zeichnet sich durch Picken, Scharren und Kratzen nach Futter aus. Durch Staubbaden pflegt es sein Gefieder. Es ist tagaktiv und sucht gelegentlich Schutz unter Büschen. In der Gruppe herrscht eine natürliche Hackordnung.

Aufgaben

1. **Jeder von euch ist Experte für eine Haltungsform. Präsentiert euch gegenseitig die von euch bearbeitete Haltungsform bei Hühnern. Nutzt dazu eure Notizen in eurer Tabelle. Erklärt zunächst nur 2–3 Kriterien. Gebt dann euren Zuhörern ein wenig Zeit, damit sie sich in ihrer eigenen Tabelle Notizen machen können.**

Bearbeitet gemeinsam die nächsten Aufgaben.

2. **Vergleicht die drei Haltungsformen miteinander.**
   a) **Führt den Vergleich Schritt für Schritt anhand der Vergleichskriterien durch und stellt diese in Beziehung zu den natürlichen Lebens- und Verhaltensweisen des Bankivahuhns.**
   b) **Markiert die Kriterien bei jeder Haltungsform grün, wenn es sich für dieses Kriterium um eine artgerechte Haltung handelt, und rot, wenn es sich nicht um eine artgerechte Haltung handelt.**
   Hinweis: Bewertet ein Vergleichskriterium insgesamt.

3. **Beurteile schriftlich, inwiefern es sich bei den verschiedenen Haltungsformen um eine artgerechte Hühnerhaltung handelt. (Einzelarbeit)**

Flip – eine Heuschrecke?

Darum geht's

Viele Schüler kennen (grob) eine Vielzahl von Insekten, doch lebende Insekten haben sie meist noch nicht beobachtet. Insekten werden im Biologieunterricht oft nur schematisch oder im Modell hinsichtlich ihrer anatomischen Merkmale oder der Flügelbewegungen berücksichtigt. Diese Stunde bietet die Möglichkeit, lebende Heuschrecken intensiv zu beobachten, die biologischen Funktionen ihrer Körpermerkmale zu benennen und die Darstellungsweisen biologischer Sachverhalte in Zeichentricksendungen zu überprüfen.

Klassenstufe

7–8

Kompetenzerwartungen

Die Schüler können …

- morphologische Merkmale von Heuschrecken anhand der originären Begegnung mit einer Wanderheuschrecke benennen.
- die Wanderheuschrecke zeichnen, ihre Zeichnung mit Flip, der Heuschrecke aus der Kinderserie „Biene Maja“, vergleichen und die Unterschiede und Gemeinsamkeiten erörtern.
- überprüfen und begründen, ob Flip aufgrund des Körperbaus eine typische Heuschrecke ist.
- kritisch hinterfragen, warum Flip so aussieht und nicht den Körperbau einer realen Heuschrecke hat.

Material

- Abbildung oder Stofftier von Flip, der Heuschrecke aus der Kinderserie „Biene Maja“
- Arbeitsblatt „Ist Flip eine Heuschrecke?“ (S. 117)
- Wanderheuschrecken, in halber Klassenstärke
- Glasröhrchen für je eine Wanderheuschrecke, in halber Klassenstärke
- Dokumentenkamera (falls verfügbar)

Vorbereitung

Besorgen Sie in einem Zoofachhandel Wanderheuschrecken, die dort als Futtertiere erhältlich sind. Kopieren Sie zudem das Arbeitsblatt (S. 117) in Klassenstärke.

Vorkenntnisse

Die Schüler sollten im Vorfeld den Aufbau und die Funktion eines Insektenkörpers (z. B. anhand der Biene) erarbeitet haben und damit vertraut sein.

Stundenverlauf

Einstieg

ca. 7 Minuten

Flip wird als Zeichentrickfigur, entweder als Bild oder als Stoffpuppe, präsentiert. Die Schüler äußern sich spontan dazu und beziehen ihr Vorwissen über Insekten mit ein. Nutzen Sie den Impuls „Beschreibt das Aussehen von Flip und begründet, warum man ihn als Heuschrecke erkennt“ dazu, dass die Schüler Vermutungen darüber anstellen, ob Flip eine Heuschrecke ist. Notieren Sie die Vermutungen tabellarisch an der Tafel (Flip ist eine Heuschrecke, weil … / Flip ist keine Heuschrecke, weil …). Leiten Sie mit einer kurzen Planungsphase für den Lösungsweg (z. B. „Wie kann man die Körpermerkmale einer Heuschrecke ermitteln?“) über in die Erarbeitungsphase.

Erarbeitung

ca. 20 Minuten

Lassen Sie die Schüler sich in die Situation eines Forschers hineinversetzen, der nun genau beobachten muss. Bilden Sie 2er-Teams und verteilen Sie das Arbeitsblatt (S. 117), die Wanderheuschrecken und Materialien. Die Schüler untersuchen nun aufgabengeleitet die Heuschrecke im Glasröhrchen, benennen die einzelnen Körperteile sowie deren Funktion (auch mithilfe ihres Vorwissens). Die Wanderheuschrecke wird dann mit der Comicfigur Flip verglichen.

Präsentation und Sicherung

ca. 7 Minuten

Ein bis zwei Schüler präsentieren ihre Zeichnungen über die Dokumentenkamera und erläutern anhand dieser den Aufbau und die Funktion des Heuschreckenkörpers. Je nach Ergebnissen kann eine schematische Zeichnung durch die Lehrperson hinzugefügt werden. Anschließend werden die Gemeinsamkeiten und Unterschiede mit Flip erläutert und ergänzt.

Reflexion

ca. 7 Minuten

Diskutieren Sie mit den Schülern mögliche Gründe, warum Flip genau so – also nicht als naturgetreue Heuschrecke – dargestellt wird und welche Funktion eine Verniedlichung bzw. Vereinfachung hat. Gegebenenfalls können Sie die Reflexionsphase auch in eine Hausaufgabe verlagern.

Hinweise zur Arbeit mit lebenden Tieren

- Neben rein fachwissenschaftlichen Kompetenzen werden hier v. a. instrumentell-affektive Lernziele berücksichtigt, indem die Schüler mit lebenden Tieren arbeiten und so ein Verantwortungsbewusstsein (insbesondere wirbellosen Tieren gegenüber) entwickeln können.
- Ob die Schüler die Heuschrecken aus dem Glasröhrchen herausnehmen, bleibt freigestellt. Zu beachten ist in jedem Fall, dass Heuschrecken als Abwehrreaktion eine braune Magenflüssigkeit absondern können, deren Kontakt mit der Haut allerdings unbedenklich ist. Dennoch sollten sich die Schüler nach dem Kontakt die Hände gründlich waschen.

Ist Flip eine Heuschrecke?

Aufgaben

1. **Fertigt eine Zeichnung der lebenden Heuschrecke in eurem Heft an (Seitenansicht). Nehmt euch Zeit für die Beobachtung. Wenn ihr möchtet, könnt ihr die Heuschrecke auch in die Hand nehmen, um sie besser zu betrachten.**
2. **Nummeriert (1, 2, 3, ...) die einzelnen Körperteile in der Zeichnung und ergänzt deren biologische Funktion.**
3. **Betrachtet die Zeichnung genau. Begründet, ob Flip eine echte Heuschrecke, d. h. ein typisches Insekt ist, indem ihr Gemeinsamkeiten und Unterschiede zwischen der lebenden Heuschrecke und Flip in Stichworten notiert.**

lebende Heuschrecke		**Vergleich mit Flip**	
Nr. (in Zeichnung)	biologische Funktion der Körperteile	Gemeinsamkeiten	Unterschiede
1			
2			
3			

Wie funktioniert die Schwimmblase eines Fisches?

Darum geht's

Es ist eine gängige Methode der Naturwissenschaften, mit Modellen zu arbeiten und daran Vorstellungen und Fachzusammenhänge zu klären. In dieser Stunde lernen die Schüler sowohl den Umgang mit Modellen als auch eine kritische Reflexion in Verbindung mit dem Fachwissen.

Klassenstufe

5–6

Kompetenzerwartungen

Die Schüler können …

- Modelle zur Überprüfung naturwissenschaftlicher Fachkenntnisse nutzen.
- Kriterien, denen ein Modell entsprechen muss, benennen und diese zur Reflexion anwenden.
- Fachwissen und Modell in einem plausiblen Zusammenhang darstellen.

Material

- 1 dünnwandige Plastikflasche oder Erlenmeyerkolben
- 1 Luftballon
- 1 Plastikschlauch
- 1 Eimer oder Glaswanne
- 1 Gummiring
- 1 Fischmodell (Organsystem) aus der Sammlung
- Folienvorlage „Modell zur Schwimmblase (S. 119)
- Arbeitsblatt „Schwimmblase – Modellkritik" (S. 120)

Vorbereitung

Halten Sie die Materialien zum Bau des Modells zur Funktionsweise der Schwimmblase bei Fischen bereit oder bauen Sie es bereits vorbereitend auf (s. u.). Kopieren Sie das Arbeitsblatt (S. 120) in Klassenstärke.

Vorkenntnisse

Den Schülern sollte grundlegend der Körperbau des Fisches bekannt sein, um die Fokussierung auf die Schwimmblase zu erleichtern.

Stundenverlauf

Einstieg

ca. 5 Minuten

Präsentieren Sie das Fischmodell und lassen Sie die Schüler einen kurzen Zusammenhang zur Unterrichtsreihe herstellen. Leiten Sie über zur Frage „Wie funktioniert die Schwimmblase?" und sammeln Sie Vermutungen hierzu. Informieren Sie die Schüler darüber, dass in der Biologie häufig Modelle genutzt werden, um das Verständnis genauer und anschaulicher zu machen.

Erarbeitung

ca. 30 Minuten

Präsentieren Sie den Schülern das Modell zur Schwimmblase (S. 119). Die Schüler testen die Funktionsweise (siehe Arbeitsanweisungen). Nachdem die Schüler mit dem Modell vertraut sind, reichen Sie das Arbeitsblatt (S. 120) hinein. Die Schüler informieren sich mit dem hier aufgeführten Text über die Funktion der Schwimmblase und reflektieren anschließend in Partnerarbeit das vorliegende Modell fragengeleitet kritisch.

Präsentation und Sicherung

ca. 10 Minuten

Die Schüler präsentieren ihre Modellkritik an dem Modell zur Schwimmblase und erläutern die Vor- und Nachteile der Verwendung dieses Modells. Wichtig ist hier, auf die fachwissenschaftliche Ausdrucksweise unter Rückbezug auf die Texte des Arbeitsblattes (S. 120) zu achten sowie die tatsächliche Funktionsweise der Schwimmblase zu klären.

Reflexion

ca. 5 Minuten

Die Schüler benennen Vorschläge zur Verbesserung des Modells, sodass es sachgerecht dem Original entspricht. Diese können ggf. in einer Hausaufgabe oder in der kommenden Stunde getestet und weiterentwickelt werden.

Modellaufbau und -durchführung

Mithilfe des Modells können Sie die Funktionsweise der Schwimmblase bei einem Fisch veranschaulichen. Wird die Blase, hier der Luftballon, mit Luft gefüllt, erhält der Fisch Auftrieb. Verbinden Sie den Plastikschlauch mithilfe des Gummirings luftdicht mit dem Luftballon. Legen Sie den so präparierten Luftballon in die Flasche und all das zusammen in die mit Wasser gefüllte Wanne. Wasser strömt nun in die Flasche. Sobald man über den Plastikschlauch Luft in den Luftballon bläst, erhält die Flasche Auftrieb und steigt Richtung Wasseroberfläche.

Arbeitsanweisungen für die Schüler

1. **Schaue dir das Modell und die Abbildung dazu genau an. Teste die Abläufe am Modell.**
2. **Beschreibe in eigenen Worten, wie ein Fisch laut diesem Modell durch die Füllmenge an Luft in seiner Schwimmblase in tiefere bzw. höhere Wasserbereiche gelangt.**

Folienvorlage: Modell zur Schwimmblase

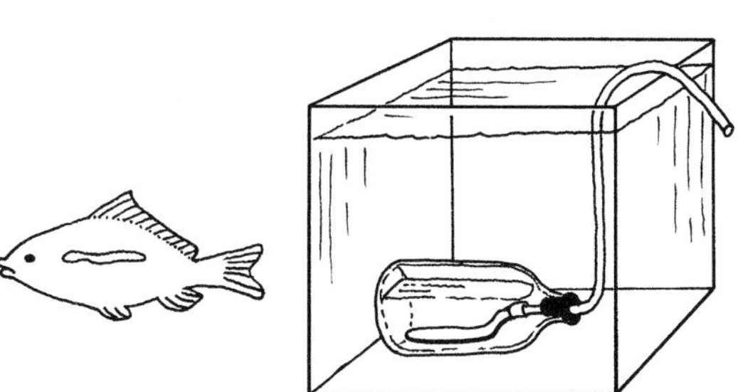

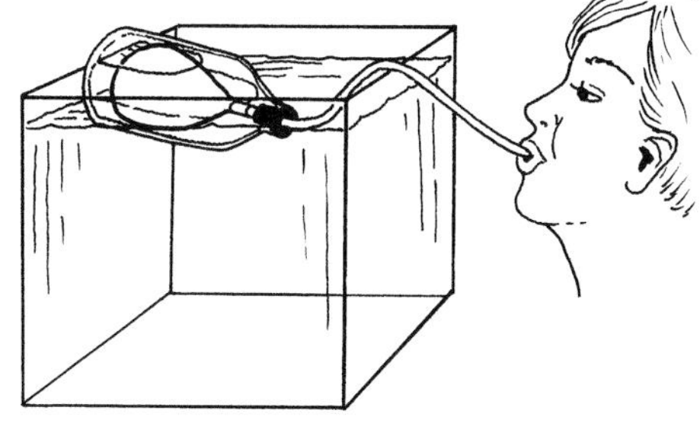

Abb.: © Astrid Wilkesmann

Schwimmblase – Modellkritik

Informationen zur Regulierung der Schwimmblasenfüllung

Einerseits sind die Flossen für viele Fische wichtig, um sich in unterschiedlichen Wassertiefen fortbewegen zu können. Andererseits wird die Veränderung der Wassertiefe maßgeblich bestimmt durch die Regulation der Gasfüllung in der Schwimmblase.
Beim **Aufwärtsschwimmen** kann ein Fisch mit Schwimmblasengang durch diesen stetig Gas in den Darm ablassen. Dadurch vermindert er den Gasdruck in der Schwimmblase; er kann sich so an den ständig geringer werdenden Wasserdruck anpassen. Beim **Abwärtsschwimmen** dagegen benötigt der Fisch eine allmähliche Erhöhung des Gasdrucks in der Schwimmblase, da er bei zunehmender Tiefe einem ständig steigenden Wasserdruck ausgesetzt ist. Das dazu nötige Gas tritt aus Blutgefäßen und drüsenartigen Stellen in die Schwimmblase über. Bei Fischen ohne Schwimmblasengang geschieht auch das Abscheiden des überschüssigen Gases (beim Aufwärtsschwimmen) durch Gefäße der Schwimmblasenwand.

(Quelle: Almut Gerhardt-Dircksen u. a.: bsv Biologie 1 GN. BSV, 1994. S. 238)

Arbeit mit Modellen und Modellkritik

In der Biologie arbeitet man oft mit Modellen, um ausgewählte Teile genauer zu betrachten, die Funktion zu beschreiben oder um komplizierte Sachverhalte anschaulicher darzustellen und so das Verständnis zu erleichtern. Wichtig bei der Verwendung eines Modells ist, dass es immer mit dem Original verglichen wird. Außerdem sollte man überprüfen, inwiefern das Modell geeignet ist, etwas besser zu veranschaulichen (Modellkritik). Ein Modell sollte bestimmte Anforderungen erfüllen:

- Das Modell muss in den wesentlichen Eigenschaften dem Original entsprechen. Es ist dem Original daher in den Hauptmerkmalen ähnlich *(„Ähnlichkeit und Entsprechung")*.
- Das Modell soll einfacher sein als das Original, es soll die wesentlichen Eigenschaften angemessen abbilden *(„Einfachheit und Adäquatheit")*.
- Das Modell soll so exakt sein, dass es unter bestimmten Bedingungen Voraussagen über das Original zulässt *(„Exaktheit und Fruchtbarkeit")*.

Aufgaben

1. Lies den Fachtext zur Funktionsweise der Schwimmblase genau durch und unterstreiche wichtige Informationen zur Füllung bzw. Leerung der Schwimmblase.

2. Überprüfe, inwiefern das Modell zur Veranschaulichung der Schwimmblasenregulierung geeignet ist, indem du:

a) für jedes Modellteil bestimmst, welchen Originalbestandteil es darstellen soll.

b) die Änderung der Schwimmblasenfüllung beim Aufwärtsschwimmen und Abwärtsschwimmen im Modell mithilfe des Informationstextes überprüfst.

c) abschließend begründet in einem Text formulierst, inwiefern dieses Modell für die Veranschaulichung geeignet ist.

  ISBN 978-3-8346-2927-2 | www.verlagruhr.de